Selon que le cher Bibl.
ancienne et moderne T. 22
p. 221 ces Dialog. sont de
Gueudeville moine defroqué
non misérable à la Haye
vers 1720.

O. 1807.
3 + 1

DIALOGUES

De Monsieur le

BARON DE LAHONTAN

Et d'un

SAUVAGE,

Dans l'AMERIQUE.

Contenant une description exacte des mœurs & des coutumes de ces Peuples Sauvages.

Avec les Voyages du même en Portugal & en Danemarc, dans lesquels on trouve des particularitez très curieuses, & qu'on n'avoit point encore remarquées.

Le tout enrichi de Cartes & de Figures.

A AMSTERDAM,

Chez la Veuve de BOETEMAN,

Et se vend

A Londres, chez DAVID MORTIER, Libraire dans le Strand, à l'Enseigne d'Erasme.
M. DCCIV.

PREFACE.

JE m'étois tellement flatté de r'entrer dans la grace du Roy de France, avant la déclaration de cette Guerre, que bien loin de penser à l'impression de ces lettres & de ces Mémoires, je comptois de les jetter au feu, si ce Monarque m'eût fait l'honeur de me redonner mes Emplois sous le bon plaisir de Messieurs de * *Pontchartrain* pére & fils. C'est cette raison qui m'a fait négliger de les métre dans l'état où je souhaiterois qu'ils fussent, pour plaire au Lecteur qui se donnera la peine de les lire.

---

* L'un Chancelier de France, l'autre Sécrétaire d'Etat, trés riches en or & en argent.

Je paſſai à l'âge de 15. à 16. ans en *Canada*, d'où j'eus le ſoin d'entretenir toûjours un commerce de lettres avec un vieux Parent, qui avoit exigé de moy des nouvelles de ce Païs-là, en vertu des aſſiſtances qu'il me donnoit annuellement. Ce ſont ces mêmes lettres dont ce livre eſt compoſé. Elles contiennent tout ce qui s'eſt paſſé dans ce Païs-là entre les Anglois, les François les * *Iroquois*, & autres Peuples, depuis l'année 1683. juſqu'en 1694. avec quantité de choſes aſſez curieuſes, pour les Gens qui connoiſſent les Colonies des Anglois, ou des François. Le tout eſt écrit a-
vec

* Appellés MAHAK par les Anglois de la nouvelle York.

vec beaucoup de fidélité. Car enfin, je dis les choses comme elles sont. Je n'ay flatté, ni épargné personne. Je donne aux *Iroquois* la gloire qu'ils ont aquise en diverses ocasions, quoique je haïsse ces Coquins là plus que les cornes & les procez. J'atribue en même temps aux gens d'Eglise, (malgré la vénération que j'ay pour eux) tous les maux que les *Yroquois* ont fait aux Colonies Françoises, pendant une guerre, qu'on n'auroit jamais entrepris sans le conseil de ces picux Ecclésiastiques.

Aprés cela, j'avertis le Lecteur que les François ne connoissant les Villes de la *Nouvelle York*, que sous leur ancien nom, j'ay esté obligé de me conformer à cela, tant dans ma Relation, que dans mes Cartes. Ils appellent *NIEU-YORK* tout le Païs contenu depuis la source de sa Riviére jusqu'à son Embouchure, c'est à dire jusqu'à l'Isle où est située la Ville de *Manathe* (ainsi apellée, du temps des Hollandois) & qui est à présent apellée des Anglois *Nieu-York*, Les François appellent aussi *Orange* la Plantation d'*Albanie*, qui est vers le haut de la Riviére. Outre ceci le Lecteur est prié de ne pas trouver mauvais que les pensées des Sauvages soient habillées à l'Européane; c'est la faute du Parent à qui j'écrivois, car ce bon homme ayant tourné en ridicule la * Harangue métaphorique de la

* Letre. *Grand-*

Grand-Gula, il me pria de ne plus traduire à la lettre un langage si rempli de fictions & d'hiperboles sauvages; c'est ce qui fait que tous les raisonnements de ces Peuples paroistront icy selon la diction & le stile des Européans; car ayant obéï à mon Parent, je me suis contenté de garder les copies de ce que je luy écrivois, pendant que j'estois dans le Païs de ces Philosophes nuds. Il est bon d'avertir le Lecteur, en passant, que les gens qui connoissent mes défauts, rendent aussi peu de justice à ces Peuples qu'à moy, lorsqu'ils disent que je suis un Sauvage & que c'est ce qui m'oblige de parler si favorablement de mes Confréres. Ces Observateurs me font beaucoup d'honeur, dés qu'ils n'expliquent pas que je suis directement ce que l'idée des Européans attache au mot de *Sauvage*. Car en disant simplement que je suis ce que les Sauvages sont, ils me donnent, sans y penser, le caractére du plus honnête homme du monde; puisqu'enfin c'est un fait incontestable, que les Nations qui n'ont point été corrompues par le voisinage des Européans, n'ont ni *tien* ni *mien*, ni loix, ni Juges, ni Prestre ; Personne n'en doute, puisque tous les Voyageurs qui connoissent ce Païs-là, font foy de cette verité. Tant de gens de diférentes profession l'ont si bien assuré qu'il n'est plus permis d'en douter. Or si cela est,

on

on ne doit faire aucune dificulté de croire que ces Peuples soient si sages & si raisonnables. Il me semble qu'il faut être aveugle pour ne pas voir que la propriété des biens (je ne dis pas celle des femmes) est la seule source de tous les désordres qui troublent la Société des Européans; il est facile de juger sur ce pied-là que je ne prête en aucune maniére le bon Esprit & la sagesse, qu'on remarque dans les paroles & dans les actions de ces pauvres Ameriquains. Si tout le monde étoit aussi bien fourni de livre de voyages que le Doctor * *Sloane*, on trouveroit dans plus de cent Relations de Canada une infinité de raisonnemens Sauvages, incompara-

* Docteur en Medecine à Londres.

blement plus forts que ceux dont il est parlé dans mes Memoires. Au reste, les personnes qui douteront de l'instinct & du talent des Castors, n'ont qu'à voir la grande Carte de l'Amerique du Sr. de Fer, gravée à Paris en 1698. ils y trouveront des choses surprenantes touchant ces animaux.

On m'écrit de *Paris*, que Messieurs de *Pontchartrain* cherchent les moïens de se venger de l'outrage qu'ils disent que je leur ay fait, en publiant dans mon livre quelques bagatelles que j'aurois dû taire. On m'avertit aussi que j'ay tout lieu de craindre le ressentiment de plusieurs Ecclésiastiques, qui prétendent que j'ay insulté Dieu, en insultant leur

con-

conduite. Mais comme je me suis attendu à la fureur des uns & des autres, lorsque j'ay fait imprimer ce livre, j'ai eu tout le loisir de m'armer de pied en cap, pour leur faire teste. Ce qui me console, c'est que je n'ay rien écrit que je ne puisse prouver autentiquement ; outre que je n'ay pû moins dire à leur égard que ce que j'ai dit. Car si j'eusse voulu m'écarter tant soit peu de ma narration, j'aurois fait des digressions où la conduite des uns & des autres auroit semblé porter préjudice au repos & au bien public. J'aurois eu assez de raison pour faire ce coup là: mais comme j'écrivois à un vieux Cagot de Parent, qui ne se nourrissoit que de devotion, & qui craig-
noit

noit les malignes influences de la Cour, il m'exhortoit inceſſament, à ne lui rien écrire, qui pût choquer les gens d'Egliſe & les gens du Roy, de crainte que mes lettres ne fuſſent interceptées : quoiqu'il en ſoit, on m'avertit encore de *Paris* qu'on employe des Pédans pour écrire contre moy; & qu'ainſi il faut que je me prépare à eſſuyer une grêle d'injures qu'on va faire pleuvoir ſur moy, dans quelques jours ; mais n'importe, je ſuis aſſez bon ſorcier pour repouſſer l'orage du côté de *Paris*. Je m'en moque, je feray la guerre à coups de plume, puiſque je ne la puis faire à coups d'épée. Ceci ſoit en dit en paſſant, dans cette Préface au Lecteur, que le
Ciel

Ciel daigne combler de prospéritez, en le préservant d'aucune discussion d'affaire avec la plûpart des Ministres d'Etat ou de l'Evangile; car ils auront toûjours raison, quelque tort qu'ils ayent, jusqu'à ce que l'Anarchie soit introduite chez nous, comme chez les Amériquains, dont le moindre s'estime beaucoup plus qu'un Chancelier de France. Ces peuples sont heureux d'être à l'abri des chicanes de ces Ministres, qui sont toujours maîtres par tout. J'envie le sort d'un pauvre Sauvage, *qui leges & Sceptra terit*, & je souhaiterois pouvoir passer le reste de ma vie dans sa Cabane, afin de n'être plus exposé à fléchir le genou devant des gens, qui sacrifient le bien public à leur intéreft particulier, & qui sont nais pour faire enrager les honêtes gens. Les deux Ministres d'Etat à qui j'ay affaire, ont été sollicitez en vain par Madame la Duchesse *du Lude*, par Mr. le Cardinal de *Bouillon*, par Mr. le Comte de *Guiscar* par Mr. de *Quiros*, & par Mr. le Comte *d'Avaux*; rien n'a pû les fléchir, quoique

que mon affaire ne confifte qu'à n'avoir pas foufert les afronts d'un Gouverneur qu'ils protégent, pendant que cens autres Officiers, qui ont eu des affaires mille fois plus criminelles que la mienne, en ont été quittes pour trois mois d'abfence. La raifon de ceci eft qu'on fait moins de quartier aux gens qui ont le malheur de déplaire à Meffieurs de Pontchartrain, qu'à ceux qui contreviénent aux ordres du Roy. Quoiqu'il en foit, je trouve dans mes malheurs la confolation de joüir en Angleterre d'une efpéce de liberté, dont on ne joüit pas ailleurs; car on peut dire que c'eft l'unique Païs de tous ceux qui font habitez par des peuples civilifez, où cette liberté paroit plus parfaite. Je n'en excepte pas même celle du cœur, etant convaincu que les Anglois la confervent fort précieufement; tant il eft vray que toute forte d'efclavage eft en horreur à ces Peuples, lefquels témoignent leur fageffe par les précautions qu'ils prénent pour s'empêcher de tomber dans une fervitude fatale. AVIS

AVIS
De
L'AUTEUR,
Au
LECTEUR.

Dez-que plusieurs Anglois, d'un merite distingué, à qui la Langue Françoise est aussi familiére que la leur, & divers autres de mes Amis, eurent veu mes Lettres & Mémoires de Canada, ils me témoignérent qu'ils auroyent souhaité une plus ample Relation des mœurs & coutumes des Peuples, ausquels nous avons donné le nom de Sauvages, C'est ce qui m'obligea de faire profiter le Public de ces Divers Entretiens, que j'ay eû dans ce Païs-là avec un certain Huron, à qui les François ont donné le nom de Rat; je me faisois une aplication agréable, lorsque j'étois au Village de cet Ameriquain, de receuillir avec soin tout ses raisonnemens,

mens; Je ne fus pas plûtôt de retour de mon Voyage des Lacs de Canada, que je fis voir mon Manuscrit à Mr. le Comte de Frontenal, qui fut si ravi de le lire, qu'ensuite il se donna la peine de m'aider à mettre ces Dialogues dans l'état où ils sont. Car ce n'étoit auparavant que des Entretiens interrompus, sans suite & sans liaison. C'est à la sollicitation de ces Gentishommes Anglois, & autres de mes Amis, que j'ai fait part au Public de bien des Curiositez qui n'ont jamais été écrites auparavant, touchant ces Peuples sauvages. J'ay aussi crû qu'il n'auroit pas desagréable que j'y ajoûtasse des Relations assez curieuses de deux Voyages que j'ai faits, l'un en Portugal, où je me sauvai de Terre-Neuve; & l'autre en Danemarc. On y trouvera la description de Lisbone, de Copenhague, & de la Capitale du Royaume d'Arragon, me reservant à faire imprimer d'autres Voyages que j'ay faits en Europe, lorsque j'auray le bonheur de pouvoir dire des Véritez sans risque & sans danger.   DIA-

DIALOGUES

Ou Entretiens entre un Sauvage,

Et le

BARON de LAHONTAN.

LAHONTAN.

'Eſt avec beaucoup de plaiſir, mon cher Adario, que je veux raiſonner avec toy de la plus importante affaire qui ſoit au Monde; puiſqu'il s'agit de te découvrir les grandes veritez du Chriſtianiſme.

ADARIO.

Je ſuis prêt à t'écouter, mon cher Frére, afin de m'éclaircir de tant de choſes que les Jéſuites nous prêchent depuis long temps, & je veux que nous parlions enſemble avec autant de liberté que faire ſe pourra. Si ta Créance eſt ſemblable à celle que les Jéſuites nous prêchent, il eſt inutile que nous entrions en Converſation, Car ils m'ont débité tant de fables, que tout ce que j'en puis croire, c'eſt qu'ils ont trop d'eſprit pour les croire eux-mêmes.

LAHONTAN.

Je ne ſçai pas ce qu'ils t'ont dit, mais je croi que leurs paroles & les miennes ſe rapor-

raporteront fort bien les unes aux autres. La Religion Chrêtienne est celle que les hommes doivent professer, pour aller au Ciel. Dieu a permis qu'on découvrît l'Amérique, voulant sauver tous les peuples, qui suivront les Loix du Christianisme ; il a voulu que l'Evangile fût prêché à ta Nation, afin de luy montrer le véritable chemin du paradis, qui est l'heureux séjour des bonnes Ames. Il est dommage que tu ne veuille pas profiter des graces & des talens que Dieu t'a donné. La vie est courte, nous sommes incertains de l'heure de nôtre mort ; le temps est cher ; éclairci toi donc des grandes Verités du Christianisme ; afin de l'embrasser au plus vîte, en regrétant les jours que tu as passé dans l'ignorance, sans culte, sans religion, & sans la connoissance du vray Dieu.

A D A R I O.

Comment sans conoissance du vray Dieu ! est-ce que tu rêves ? Quoy ! tu nous crois sans réligion aprez avoir demeuré tant de temps avec nous ? 1. Ne sais-tu pas que nous reconnoissons un Créateur de l'Univers, sous le nom du grand Esprit ; ou du Maistre de la vie, que nous croyons être dans tout ce qui n'a point de bornes. 2. Que nous confessons l'immortalité de l'ame. 3. Que le grand Esprit nous a pourvûs d'une raison capable de discerner le bien d'avec le mal, comme le ciel d'avec la terre, afin que nous suivions exactement les véritables Régles de la justice & de la sagesse. 4. Que la tranquillité d'ame plaît au grand Maître de la vie ; qu'au contraire le trouble de l'esprit lui est en horreur, parce que les hommes en devienviennent méchans: 5. Que la vie est un songe, & la mort un réveil, aprés lequel, l'ame voit & connoit la nature & la qualité des choses visibles & invisibles. 6. Que la portée de nôtre esprit ne pouvant s'étendre un pouce au dessus de la superficie de la terre, nous ne devons pas le gâter ni le corrompre en essayant de pénétrer les choses invisibles & improbables. Voilà, mon cher Frére, quelle est nôtre Créance, & ce que nous suivons exactement. Nous croyons aussi d'aller dans le païs des ames aprés nôtre mort; mais nous ne soupçonnons pas, comme vous, qu'il faut nécessairement qu'il y ait des séjours & bons & mauvais aprés la vie, pour les bonnes ou mauvaises ames, puisque nous ne sçavons pas si ce que nous croyons être un mal selon les hommes, l'est aussi selon Dieu; si vôtre Religion est diférente de la nôtre, cela ne veut pas dire que nous n'en ayons point du tout. Tu sçais que j'ay été en France, à la nouvelle Jork & à Quebec, où j'ay étudié les mœurs & la doctrine des Anglois & des François. Les Jésuites disent que parmi cinq ou six cens sortes de Religions qui sont sur la terre, il n'y en a qu'une seule bonne & véritable, qui est la leur, & sans laquelle nul homme n'échapera d'un feu qui brûlera son ame durant toute l'éternité; & cependant ils n'en sçauroient donner des preuves.

LAHONTAN.

Ils ont bien raison, Adario, de dire qu'il y en a de mauvaises; car, sans aller plus loin, ils n'ont qu'à parler de la tienne. Celui qui ne connoît point les veritez de la Religion

A 2 Chre-

Chrêtienne n'en sçauroit avoir. Tout ce que tu viens de me dire sont des rêveries effroyables. Le Païs des ames dont tu parles, n'est qu'un Païs de chasse chimérique : au lieu que nos saintes Ecritures nous parlent d'un Paradis situé au dessus des étoiles les plus éloignées, où Dieu séjourne actuellement environé de gloire, au milieu des ames de tous les fidéles Chrêtiens. Ces mêmes Ecritures font mention d'un enfer que nous croïons être placé dans le centre de la Terre, où les ames de tous ceux qui n'ont pas embrassé le Christianisme brûleront éternellement sans se consumer, aussi bien que celles des mauvais Chrêtiens. C'est une vérité à laquelle tu devrois songer.

ADARIO.

Ces saintes Ecritures que tu cites à tout moment, comme les Jésuites font, demandent cette grande foy, dont ces bons Péres nous rompent les oreilles ; or cette foy ne peut être qu'une persuasion, croire c'est être persuadé, être persuadé c'est voir de ses propres yeux une chose, ou la reconoître par des preuves claires & solides. Comment donc aurois-je cette foy puisque tu ne sçaurois ni me prouver, ni me faire voir la moindre chose de ce que tu dis ? Croi-moy, ne jette pas ton esprit dans des obscurités, cesse de soûtenir les visions des Ecritures saintes, ou bien finissons nos Entretiens. Car, selon nos principes, il faut de la probabilité. Surquoy fondes-tu le destin des bonnes ames qui sont avec le grand Esprit au dessus des étoiles, ou celuy des mauvaises

vaifes qui brûleront éternellement au centre de la terre ? Il faut que tu accufe Dieu de tirannie, fi tu crois qu'il ait créé un feul homme pour le rendre éternellement malheureux parmi les feux du centre de cette Terre. Tu diras, fans doute, que les faintes Ecritures prouvent cette grande verité; mais il faudroit encore, fi cela étoit, que la Terre fût éternelle, or les Jéfuites le nient, donc le lieu des flammes doit ceffer lorsque la terre fera confumée. D'ailleurs, comment veux-tu que l'ame, qui eft un pur efprit, mille fois plus fubtil & plus leger que la fumée, tende contre fon penchant naturel au centre de cette Terre ; Il feroit plus probable qu'elle s'élevât & s'envolât au foleil, où tu pourrois plus raifonablement placer ce lieu de feux & de flammes, puifque cet Aftre eft plus grand que la Terre, & beaucoup plus ardent.

LAHONTAN.

Ecoute, mon cher Adario, ton aveuglement eft extréme, & l'endurciffement de ton cœur te fait rejetter cette foy & ces Ecritures, dont la verité fe découvre aifément, lorsqu'on veut un peu fe défaire de fes préjugés. Il ne faut qu'examiner les prophéties qui y font contenues, & qui ont efté inconteftablement écrites avant l'événement. Cette Hiftoire fainte fe confirme par les Auteurs payens, & par les Monumens les plus anciens, & les plus inconteftables que les fiecles paffez puiffent fournir. Croi-moy, fi tu faifois réfléxion fur la maniere dont la Religion de Jefus-Chrift s'eft établie dans le monde, & sur le changement qu'elle y a aporté; si tu pressois les Caractéres de vérité, de sincérité, & de divinité, qui se remarquent dans ces Ecritures; en un mot, si tu prenois les parties de nostre Réligion dans le détail, tu verrois & tu sentirois que ses dogmes, que ses préceptes, que ses promesses, que ses menaces, n'ont rien d'absurde, de mauvais, ni d'opposé aux sentimens naturels, & que rien ne s'accorde mieux avec la droite Raison, & avec les sentimens de la Conscience.

ADARIO.

Ce sont des contes que les Jésuites m'ont fait déja plus de cent fois : ils veulent que depuis cinq ou six mille ans, tout ce qui s'est passé, ait été écrit sans altération. Ils commencent à dire la maniere dont la terre & les cieux furent créez; que l'homme le fut de terre, la femme d'une de ses côtes; comme si Dieu ne l'auroit pas faite de la même matiére; qu'un Serpent tenta cet homme dans un Jardin d'arbres fruitiers, pour lui faire manger d'une pomme, qui est cause que le grand Esprit a fait mourir son Fils exprez pour sauver tous les hommes. Si je disois qu'il est plus probable que ce sont des fables que des verités, tu me payerois des raisons de ta Bible; or l'invention de l'Ecriture n'a été trouvée, à ce que tu me dis un jour, que depuis trois mille ans, l'Imprimerie depuis quatre ou cinq siécles, comment donc s'assûrer de tant d'événemens divers pendant plusieurs siécles ? Il faut assurément estre bien crédule pour ajoûter foi à tant de rêveries contenues

dans

dans ce grand Livre que les Chrêtiens veulent que nous croïons. J'ay oüi lire des livres que les Jésuites ont fait de noftre Païs. Ceux qui les lifoient me les expliquoient en ma langue, mais j'y ay reconu vint menteries les unes fur les autres. Or fi nous voïons de nos propres yeux des fauffetez imprimées & des chofes diférentes de ce qu'elles font fur le papier: comment veux-tu que je croïe la fincerité de ces Bibles écrites depuis tant de fiécles, traduites de plufieurs langues par des ignorans qui n'en auront pas conçû le veritable fens, ou par des menteurs qui auront changé, augmenté & diminué les paroles qui s'y trouvent aujourd'huy. Je pourrois ajoûter à cela quelques autres dificultez qui, peut-être, à la fin t'engageroient, en quelque maniére, d'avoüer que j'ay raifon de m'en tenir aux affaires vifibles ou probables.

LAHONTAN.

Je t'ay découvert, mon pauvre Adario, les certitudes & les preuves de la Religion Chrétienne, cependant tu ne veux pas les écouter, au contraire tu les regardes comme des chimères, en alleguant les plus fotes raifons du Monde. Tu me cites les fauffetez qu'on écrit dans les Relations que tu as veues de ton Païs. Comme fi le Jéfuite qui les a faites, n'a pas pû eftre abufé par ceux qui lu y en ont fourni les Mémoires. Il faut que tu confidéres, que ces defcriptions de Canada font des bagatelles, qui ne fe doivent pas comparer avec les Livres qui traitent des choles Saintes, dont cent Auteurs diférens ont écrit sans se contredire.

ADARIO.

Comment sans se contredire ! Hé quoy ce Livre des choses saintes n'est-il pas plein de contradictions ? Ces Evangiles, dont les Jésuites nous parlent, ne causent ils pas un désordre épouvantable entre les François & les Anglois ? Cependant tout ce qu'ils contiennent vient de la bouche du grand Esprit, si l'on vous en croit. Or, qu'elle apparence y a-t-il qu'il eût parlé confusément, & qu'il eût donné à ses paroles un sens ambigu, s'il avoit eû envie qu'on l'entendît ? De deux choses l'une, s'il est né & mort sur la terre, & qu'il ait harangué, il faut que ses discours ayent esté perdus, parce qu'il auroit parlé si clairement que les Enfans auroient pû concevoir ce qu'il eût dit ; ou bien si vous croyés que les Evangiles sont veritablement ses paroles, & qu'il n'y ait rien que du sien, il faut qu'il soit venu porter la guerre dans ce monde au lieu de la paix ; ce qui ne sçauroit estre.

Les Anglois m'ont dit que leurs Evangiles contiennent les mêmes paroles que ceux des François, il y a pourtant plus de diférence de leur Réligion à la vôtre, que de la nuit au jour. Ils asseûrent que la leur est la meilleure; les Jésuites prêchent le contraire, & disent que celles des Anglois & de mille autres Peuples, ne valent rien. Qui dois-je croire, s'il n'y a qu'une seule véritable religion sur la terre? Qui sont les gens qui n'estiment pas la leur la plus parfaite ? Comment l'homme peut-il estre assés habile pour discerner cette unique

&

& divine Réligion parmi tant d'autres diférentes ? Croi-moy, mon cher Frére, le grand Esprit est sage, tous ses ouvrages sont acomplis, c'est lui qui nous a faits, il sçait bien ce que nous deviendrons. C'est à nous d'agir librement, sans embarrasser notre esprit des choses futures. Il t'a fait naître François, afin que tu crusses ce que tu ne vois ni ne conçois ; & il m'a fait naître Huron, afin que je ne crusse que ce que j'entens, & ce que la Raison m'enseigne.

LAHONTAN.

La Raison t'enseigne à te faire Chrestien, & tu ne le veux pas être ; tu entendrois, si tu voulois, les verités de nôtre Evangile, tout s'y suit ; rien ne s'y contredit. Les Anglois sont Chrestiens, comme les François ; & s'il y a de la diférence entre ces deux Nations, au sujet de la Religion, ce n'est que par raport à certains passages de l'Ecriture sainte qu'elles expliquent diféremment. Le premier & principal point qui cause tant de disputes, est que les François croient que le Fils de Dieu ayant dit que son corps estoit dans un morceau de pain, il faut croire que cela est vray, puis qu'il ne sçauroit mentir. Il dit donc à ses Apôtres qu'ils le mangeassent & que ce pain estoit véritablement son corps ; qu'ils fissent incessamment cette Cérémonie en comémoration de luy. Ils n'y ont pas manqué ; car depuis la mort de ce Dieu fait homme, on fait tous les jours le sacrifice de la Messe, parmi les François, qui ne doutent point de la présence réelle du Fils de Dieu dans ce morceau de pain. Or les Anglois prétendent

A 5 qu'

qu'étant au ciel, il ne sçauroit eſtre corporellement ſur la terre; que les autres paroles qu'il a dit enſuite (& dont la diſcuſſion ſeroit trop étendue pour toy) les perſuadent que ce Dieu n'eſt que ſpirituellement dans ce pain. Voilà toute la diférence qu'il y a d'eux à nous. Car pour les autres points, ce ſont des vetilles, dont nous-nous accorderions facilement.

A D A R I O.

Tu vois donc bien qu'il y a de la contradiction ou de l'obſcurité dans les paroles du Fils du grand Eſprit, puiſque les Anglois, & vous autres en diſputés le ſens avec tant de chaleur & d'animoſité, & que c'eſt le principal motif de la haine qu'on remarque entre vos deux Nations. Mais ce n'eſt pas ce que je veux dire. Ecoute, mon Frére, il faut que les uns & les autres ſoient fous de croire l'incarnation d'un Dieu, voyant l'ambiguité de ces diſcours dont vôtre Evangile fait mention. Il y a cinquante choſes équivoques qui ſont trop groſſiéres, pour eſtre ſorties de la bouche d'un Etre auſſi parfait. Les Jéſuites nous aſſûrent que ce Fils du grand Eſprit a dit qu'il veut véritablement que tous les Hommes ſoient ſauvés; or s'il le veut il faut que cela ſoit; cependant ils ne le ſont pas tous, puis qu'il a dit que *beaucoup eſtoient apellés &, peu éleus*. C'eſt une contradiction. Ces Péres répondent que Dieu ne veut ſauver les Hommes qu'à condition qu'ils le veüillent eux-mêmes. Cependant Dieu n'a pas ajoûté cette clauſe, parce qu'il n'auroit pas alors parlé en Maître. Mais

Mais enfin les Jésuites veulent pénétrer dans les secrets de Dieu, & prétendre ce qu'il n'a pas prétendu luy même; puis qu'il n'a pas établi cette condition. Il en est de même que si le grand Capitaine des François faisoit dire par son Viceroy, qu'il veut que tous les Esclaves de Canada passassent véritablement en France, où il les feroit tous riches, & qu'alors les Esclaves réspondissent qu'ils ne veulent pas y aller, parce que ce grand Capitaine ne peut le vouloir qu'à condition qu'ils le voudront. N'est il pas vray, mon Frere, qu'on se moqueroit d'eux, & qu'ils seroient ensuite obligez de passer en France malgré leur volonté: tu n'ozerois me dire le contraire. Enfin ces mêmes Jésuites m'ont expliqué tant d'autres paroles qui se contredisent, que je m'étonne après cela qu'on puisse les apeller *Ecritures Saintes*. Il est écrit que le premier Homme que le grand Esprit fit de sa propre main, mangea d'un fruit défendu, dont il fut châtié luy & sa Femme, pour estre aussi criminels l'un que l'autre. Suposons donc que pour une pomme leur punition ait esté comme tu voudras; ils ne devoient se plaindre que de ce que le grand Esprit sçachant qu'ils la mangeroient, il les eût créez pour estre malheureux. Venons à leurs enfans qui, selon les Jesuites, sont envelopés dans cette déroute. Est-ce qu'ils sont coupables de la gourmandise de leur Pére & de leur Mére? Est-ce que si un Homme tuoit un de vos Rois, on puniroit aussi toute sa Génération, péres, méres, oncles, cousins, sœurs, fréres & tous ses autres parens? Supposons

posons donc que le grand Esprit, en créant cet Homme, ne sçeût par ce qu'il devroit faire apres sa création (Ce qui ne peut être) supposons encore que toute sa posterité soit complice de son Crime (Ce qui seroit injuste) ce grand Esprit n'est-il pas, selon vos Ecritures, si misericordieux & si clément, que sa bonté pour tout le Genre humain ne peut se concevoir. N'est-il pas aussi si grand & si puissant que si tous les esprits des Hommes qui sont, qui ont eté, & qui seront, estoient rassemblés en un seul, il luy seroit impossible de comprendre la moindre partie de sa toute puissance. Or, s'il est si bon & si misericordieux, ne pouvoit il pas pardonner luy & tous ses décendans d'une seule parole? Et s'il est si puissant & si grand, quelle apparence y a t-il qu'un Etre si incomprehensible se fît Homme, vecût en miserable, & mourût en infame, pour expier le peché d'une vile Creature, autant ou plus au dessous de luy, qu'une mouche est au dessous du soleil & des étoiles? Où est donc cette puissance infinie? A quoy luy serviroit-elle, & quel usage en feroit il? Pour moy, je soûtiens que c'est douter de l'étendue incomprehensible de sa toutepuissance & avoir une présomption extravagante de soi-même de croire un avilissement de cette nature.

LAHONTAN.

Ne vois tu pas, mon cher Adario, que le grand Esprit estant si puissant, & tel que nous l'avons dit; le péché de nostre premier Pére estoit par consequent si énorme & si grand qu'on le puisse dépeindre. Par exemple,

si j'osi j'ofençois un de mes soldats, ce ne seroit rien, mais si je faisois un outrage au Roi, mon ofense seroit achevée, & en même temps impardonable. Or Adam outrageant le Roi des Rois, nous sommes ses complices, puis que nous sommes une partie de son ame, & par conséquent, il faloit à Dieu une satisfaction telle que la mort de son propre Fils. Il est bien vray qu'il nous auroit pû pardonner d'une seule parole, mais par des raisons que jaurois de la peine à te faire comprendre, il a bien voulu vivre & mourir pour tout le Genre-Humain. J'avoue qu'il est miséricordieux, & qu'il eût pû absoudre Adam le même jour, car sa misericorde est le fondement de toute l'esperance du salut. Mais, s'il n'eût pas pris à coeur le crime de sa desobeissance, sa defense n'eût été qu'un jeu. Il faudroit qu'il n'eût pas parlé sérieusement, & sur ce pied-là, tout le monde seroit en droit de faire tout le mal qu'il voudroit.

ADARIO.

Jusqu'à présent tu ne prouves rien, & plus j'examine cette prétendue incarnation, & moins j'y trouve de vray-semblance. Quoy! ce grand & incomprehensible Etre & Createur des Terres, des Mers & du vaste Firmament, auroit pû s'avilir à demeurer neuf mois prisonnier dans les entrailles d'une Femme, à s'exposer à la miserable vie de ses camarades pécheurs, qui ont écrit vos Livres d'Evangiles, à estre batu, foüetté, & crucifié comme un malheureux ? C'est ce que mon esprit ne peut s'imaginer. Il est écrit qu'il est venu tout exprés sur la Terre pour y mourir, & cependant il a craint la mort; voilà une contradiction en deux manieres. I. S'il avoit le deſſein de naître pour mourir, il ne devoit pas craindre la mort. Car pourquoy la craint on? C'eſt parcequ'on n'eſt pas bien aſſûré de ce qu'on deviendra en perdant la vie; or il n'ignoroit pas le lieu où il devoit aller, donc il ne devoit pas être ſi efraïé. Tu ſçais bien que nous & nos femmes nous-nous empoiſonons le plus ſouvent, pour nous aller tenir compagnie dans le païs des Morts, lorſque l'un ou l'autre meurt; tu vois donc bien que la perte de la vie ne nous éfarouche pas, quoique nous ne ſoïons pas bien certains de la route que nos ames prénent. Aprés cela que me répondras-tu? II. Si le Fils du grand Eſprit avoit autant de pouvoir que ſon Pére, il n'avoit que faire de le prier de lui ſauver la vie, puiſqu'il pouvoit lui même ſe garantir de la mort, & qu'en priant ſon Pere il ſe prioit ſoi-même. Pour moy, mon cher Frére, je ne conçois rien de tout ce que tu veux que je conçoive.

LAHONTAN.

Tu avois bien raiſon de me dire tout à l'heure, que la portée de ton eſprit ne s'étend pas un pouce au deſſus de la ſuperficie de la Terre. Tes raiſonnemens le prouvent aſſez. Apres cela, je ne m'étonne pas ſi les Jéſuites ont tant de peine à te prêcher, & à te faire entendre les ſaintes Veritez. Je ſuis fou de raiſonner avec un Sauvage qui n'eſt pas capable de diſtinguer une ſuppoſition chimérique d'un principe aſſûré, ni une conſequence bien tirée, d'une fauſſe. Comme, par exemple, lorſque tu tu as dit que Dieu vouloit sauver tous les hommes, & que pourtant il y en auroit peu de sauvez ; tu as trouvé de la contradiction à cela ; cependant, il n'y en a point. Car il veut sauver tous les hommes qui le voudront eux-mêmes en suivant sa Loy & ses préceptes ; ceux qui croiront son incarnation, la vérité des Evangiles, la recompense des bons, le châtiment des méchans, & l'éternité. Mais, comme il se trouvera peu de ces gens là, tous les autres iront brûler éternellement dans ce lieu de feux & de flammes, dont tu te moques. Prens garde de n'estre pas du nombre de ces derniers ; j'en serois fâché, parce que je suis t'on ami ; alors tu ne diras pas que l'Evangile est plein de contradictions & de chiméres. Tu ne demanderas plus de preuves grossiéres de toutes les vérités que je t'ai dit ; tu te repentiras bien d'avoir traité nos Evangelistes d'imbéciles Conteurs de fables : mais il n'en sera plus temps ; songe à tout ceci, & ne sois pas si obstiné ; car, en vérité, si tu ne te rens aux raisons incontestables que je donne sur nos mistéres, je ne parleray de ma vie avec toy.

ADARIO.

Ha ! mon Frére, ne te fâche pas, je ne prétens pas t'ofenser en t'opposant les miennes. Je ne t'empêche pas de croire tes Evangiles. Je te prie seulement de me permétre que je puisse douter de tout ce que tu viens de m'expliquer. Il n'est rien de si naturel aux Chrétiens, que d'avoir de la foy pour les saintes Ecritures, parce que dés leur enfance on leur en parle tant, qu'à l'i-
mi-

mitation de tant de gens élevés dans la même créance, ils les ont tellement imprimées dans l'imagination, que la raison n'a plus la force d'agir sur leurs esprits déja prévenus de la vérité de ces Evangiles ; il n'est rien de si raisonnable à des gens sans préjugés, comme sont les Hurons, d'examiner les choses de prés. Or, aprés avoir fait bien des réfléxions, depuis dix Années, sur ce que les Jésuites nous disent de la vie & de la mort du Fils du grand Esprit, tous mes Hurons te donneront vint raisons qui prouveront le contraire : pour moy, j'ai toûjours soûtenu que, s'il étoit possible qu'il eût eu la bassesse de décendre sur terre, il se seroit manifesté à tous les Peuples qui l'habitent. Il seroit décendu en triomphe avec éclat & Majesté, à la veüe de quantité de gens. Il auroit ressuscité les morts, rendu la veüe aux aveugles, fait marcher les boîteux, guéri les malades par toute la terre ; enfin, il auroit parlé, & commandé ce qu'il vouloit qu'on fît ; il seroit allé de Nation en Nation faire ces grands miracles pour donner la même Loy à tout le monde ; alors nous n'aurions tous qu'une même Religion, & cette grande uniformité qui se trouveroit par tout, prouveroit à nos Décendans d'ici à dix mille ans, la verité de cette Réligion connue aux quatre coins de la Terre, dans une même égalité : au lieu qu'il s'en trouve plus de cinq ou six cens diférentes les unes des autres, parmi lesquelles celle des François est l'unique, qui soit bonne, sainte & véritable, suivant ton raisonement. Enfin, aprés avoir songé mille fois

à

à toutes ces énigmes que vous appelez miſtéres, j'ay creu qu'il faloit eſtré né au delà du grand Lac, c'eſt à dire eſtre Anglois ou François pour les conçevoir. Car dez qu'on me dira que Dieu, dont on ne peut ſe repréſenter la figure, puiſſe produire un Fils ſous celle d'un homme, je répondrai qu'une femme ne ſçauroit produire un Caſtor, parce que chaque Eſpéce dans la nature y produit ſon ſemblable. Et ſi les hommes étoient tous au Diable, avant la venüe du Fils de Dieu, quelle apparence y a-t'il qu'il eût pris la forme des Créatures qui eſtoient au Diable? n'en euſt-il pas pris une diférente & plus belle & plus pompeuſe? Cela ſe pouvoit d'autant mieux que la troiſiéme Perſonne de cette Trinité (ſi incompatible avec l'unité) a pris la forme d'une Colombe.

LAHONTAN.
Tu viens de faire un ſiſtéme ſauvage par une profuſion de Chiméres, qui ne ſignifie rien. Encore une fois ce ſeroit en vain que je chercherois à te convaincre par des raiſons ſolides, puiſque tu n'es pas capable de les entendre. Je te renvoye aux Jéſuites; Cependant je te veux faire concevoir une choſe fort aiſée & qui eſt de la ſphére de ton génie; C'eſt qu'il ne ſufit pas de croire, pour aller chez le grand Eſprit, ces grandes veritez de l'Evangile que tu nies, il faut inviolablement obſerver les commandemens de la Loy qui y eſt contenue, c'eſt à dire n'adorer que le grand Eſprit ſeul, ne point travailler les jours de la grande priére, honorer ſon pére & ſa mére, ne point coucher avec les
filles,

filles, ni même les desirer, que pour le mariage, ne tuer, ni faire tuer perſone, ne dire du mal de ſes fréres, ni mentir; ne point toucher aux femmes mariées, ne prendre point le bien de ſes fréres; aller à la Meſſe les jours marqués par les Jéſuites, & jeûner certains jours de la Semaine, car tu aurois beau croire tout ce que nous croïons des ſaintes Ecritures, ces préceptes y étant compris, il faut les obſerver, ou brûler éternellement aprez la mort.

A D A R I O.

Ha! mon cher Frére, voilà où je t'attendois. Vraîment il y a long temps que je ſçai tout ce que tu me viens d'expliquer à préſent. C'eſt ce que je trouve de raiſonable dans ce Livre de l'Evangile, rien n'eſt plus juſte ni plus plauſible que ces ordonances. Tu viens de me dire que ſi on ne les exécute pas, & qu'on ne ſuive pas ponctuellement ces commandemens, la créance & la foy des Evangiles, eſt inutile; pourquoy donc eſt-ce que les François le croient en ſe moquant de ces préceptes? Voilà une Contradiction manifeſte. Car I. à l'égard de l'adoration du grand Eſprit, je n'en connois aucune marque dans vos actions, & cette adoration ne conſiſte qu'en paroles pour nous tromper. Par exemple, ne vois-je pas tous les jours que les Marchands diſent en trafiquant nos Caſtors; *Mes marchandiſes me coûtent tant, auſſi vray que j'adore Dieu, je perds tant avec toy, vray comme Dieu eſt au Ciel.* Mais, je ne vois pas qu'ils lui faſſent des ſacrifices des meilleures

res marchandiſes qu'ils ont, comme nous faiſons, lorſque nous les avons achetées d'eux, & que nous les brûlons en leur préſence. II. Pour le travail des jours de la grande Priére, je ne conçois pas que vous faſſiez de la diférence de ceux-là aux autres ; car j'ay veu vint fois des François qui trafiquoient des péleteries, qui faiſoient des filets ; qui joüoient, ſe quérelloient, ſe batoient, ſe ſouloient, & faiſoient cent autres folies. III. Pour la vénération de vos Péres, c'eſt une choſe extraordinaire parmi vous de ſuivre leurs conſeils ; vous les laiſſez mourir de faim, vous-vous ſéparez d'eux, vous faites cabane à part ; vous êtes toûjours prêts à leur demander, & jamais à leur donner ; & ſi vous eſpérez quelque choſe d'eux, vous leur ſouhaitez la mort, ou du moins vous l'attendés avec impatiénce. IV. Pour la continence envers le ſéxe, qui ſont ceux parmi vous, à la reſerve des Jéſuites, qui l'aïent jamais gardée ? Ne voïons-nous pas tous les jours vos jeunes gens, pourſuivre nos filles & nos femmes juſques dans les champs, pour les ſéduire par des préſens, courir toutes les nuits de Cabane en Cabane dans nôtre Village pour les débaucher, & ne ſçais-tu pas toy même combien d'affaires ſe ſont paſſées parmi tes propres ſoldats ? V. A l'égard du meurtre, il eſt ſi ordinaire parmi vous, il eſt ſi fréquent, que pour la moindre choſe, vous métez l'épée à la main, & vous-vous tuez. Quand j'eſtois à Paris, on y trouvoit toutes les nuits des gens percez de coups ; & ſur les chemins de là à la Rochelle, on me dit qu'il faloit que je priſſe bien garde de perdre la vie.

VI. Ne

VI. Ne dire du mal de ses fréres, ni mentir, sont des choses dont vous-vous abstiendriez moins que de boire & de manger, je n'ay jamais oüi parler quatre François ensemble sans dire du mal de quelqu'un, & si tu sçavois ce que j'ay entendu publier du Viceroy, de l'Intendant, des Jésuites, & de mille gens que tu connois, & peut-être de toy même, tu verrois bien que les François se sçavent déchirer de la belle maniére. Pour mentir, je soûtiens qu'il n'y a pas un Marchand icy qui ne dise vingt menteries pour nous vendre la valeur d'un Castor de marchandise, sans conter celles qu'ils disent pour difamer leurs camarades. VII. Ne point toucher aux femmes mariées, il ne faut que vous entendre parler quand vous avez un peu bû, on peut aprendre sur cette matiére bien des histoires, on n'a qu'à compter les enfans que les femmes des Coureurs de bois sçavent faire pendant l'absence de leurs Maris. VIII. Ne point prendre le bien d'autrui: Combien de vols n'as-tu pas veu faire depuis que tu és ici entre les Coureurs de bois qui y sont? N'en a t-on pas pris sur le fait, n'en a t-on pas châtié? N'est-ce pas une chose ordinaire dans vos Villes, peut-on marcher la nuit en sûreté, ni laisser ses portes ouvertes? IX. Aller à vostre Messe pour prêter l'oreille aux paroles d'une langue qu'on n'entend pas; il est vray que le plus souvent les François y vont, mais c'est pour y songer à toute autre chose qu'à la priére. A Quebec les Hommes y vont pour voir les Femmes, & celles-ci pour voir les Hommes: J'en ay veu qui se font porter des
Couf-

Couſſins, de peur de gâter leurs bas, & leurs jupes, elles s'aſſéient ſur leurs talons, elles tirent un Livre d'un grand ſac, elles le tiennent ouvert en regardant plûtôt les Hommes qui leur plaiſent, que les priéres qui ſont dedans. La plûpart des François y prénent du tabac en poudre, y parlent, y rient & chantent plutôt par divertiſſement que par devotion. Et qui pis eſt, je ſçai que pendant le temps de cette priére pluſieurs Femmes & filles en profitent pour leurs galanteries, demeurant ſeules dans leurs maiſons. A l'égard de voſtre jeûne, il eſt plaiſant. Vous mangez de toute ſorte de poiſſon à crever, des oeufs, & mille autres choſes, & vous apellez cela jeuner ? Enfin, Mon cher Frére, vous autres François prétendez tous tant que vous étes avoir de la foy, & vous étes des incrédules; vous voulez paſſer pour ſages, & vous etes foux, vous-vous croyez des gens d'eſprit, & vous étes de préſomptueux ignorans.

LAHONTAN.

Cette Concluſion, mon cher Ami, eſt un peu Hurone, en décidant de tous les François en général; ſi cela eſtoit, aucun deux n'iroit en paradis; or nous ſçavons qu'il y a des millions de bienheureux que nous apellons des Saints, & dont tu vois les Images dans nos Egliſes. Il eſt bien vray que peu de François ont cette véritable foy, qui eſt l'unique principe de la piété ; pluſieurs font profeſſion de croire les véritez de noſtre Religion, mais cette créance n'eſt ni aſſez forte, ni aſſez vive en eux. J'avoue que la plûpart conoiſ-
ſans

sans les Véritez Divines, & faisans profession de les croire, agissent tout au contraire de ce que la Foy & la Religion ordonnent. Je ne sçaurois nier la contradiction que tu as remarquée. Mais il faut considérer que les hommes péchent quelquefois contre les lumiéres de leur conscience, & qu'il y a des gens bien instruits qui vivent mal. Cela peut arriver ou par le défaut d'attention, ou par la force de leurs passions, par leurs attachemens aux interests temporels: l'homme corrompu comme il est, est emporté vers le mal par tant d'endroits, & par un penchant si fort, qu'à moins du nécessité absolue, il est dificile qu'il y renonce.

ADARIO.

Quand tu parles de l'homme, di l'homme François; car tu sçais bien que ces passions, cet intérêt, & cette corruption, dont tu parles, ne sont pas connues chez nous. Or ce n'est pas là ce que je veux dire : écoute mon Frére, j'ay parlé trés souvent à des François sur tous les vices qui régnent parmi eux, & quand je leur ai fait voir qu'ils n'observoient nullement les loix de leur Réligion; ils m'ont avoüé quil étoit vray, qu'ils le voïoient & qu'ils le conoissoient perfaitement bien, mais qu'il leur étoit impossible de les observer. Je leur ay demandé s'ils ne croyoient pas que leurs ames brûleroient éternellement : ils m'ont répondu que la miséricorde de Dieu est si grande, que quiconque a de la confiance en sa bonté, sera pardonné; que l'Evangile est une Alliance de grace dans laquelle Dieu s'accommode à l'état & à la foiblesse

blesse de l'Homme qui est tenté par tant d'attraits violens si fréquemment qu'il est obligé de succomber ; & qu'enfin ce Monde estant le lieu de la corruption, il n'y aura de la pureté dans l'homme corrompu si ce n'est dans le Païs de Dieu. Voilà une Morale moins rigide que celle des Jésuites ; lesquels nous envoyent en enfer pour une bagatéle. Ces François ont raison de dire qu'il est impossible d'observer cette Loi, pendant que *le Tien*, & *le Mien* subsistera parmi vous autres. C'est un fait aisé à prouver par l'exemple de tous les Sauvages de Canada ; puisque malgré leur pauvreté ils sont plus riches que vous, à qui *le Tien* & *le Mien* fait commettre toutes sortes de Crimes.

LAHONTAN.

J'avoüe, mon cher Frére, que tu as raison, & je ne sçaurois me lasser d'admirer l'innocence de tous les Peuples sauvages. C'est ce qui fait que je souhaiterois de tout mon cœur qu'ils connussent la sainteté de nos Ecritures, c'est à dire cet Evangile dont nous avons tant parlé ; il ne leur manqueroit autre chose que cela pour rendre leurs ames éternellement bienheureuses. Vous vivés tous si moralement bien que vous n'auriez qu'une seule dificulté à surmonter pour aller en paradis. C'est la fornication parmi les gens libres de l'un & de l'autre Séxe, & la liberté qu'ont les hommes & les femmes de rompre leurs mariages, pour changer reciproquement, & s'accommoder au choix de nouvelles Personnes. Car le grand Esprit a dit que la mort ou l'adultére pouvoient seuls rompre ce lien indissoluble. A-

Nous parlerons une autre fois de ce grand obstacle que tu trouves à nôtre salut, avec plus d'attention; cependant je me contenterai de te donner une seule raison sur l'un de ces deux points, c'est de la liberté des Filles & des Garçons. Premiérement un jeune Guerrier ne veut point s'engager à prendre une femme qu'il n'ait fait quelque Campagne contre les Iroquois, pris des esclaves pour le servir à son village, à la chasse, & à la pêche, & qu'il ne sçache parfaitement bien chasser & pêcher; d'ailleurs, il ne veut pas s'énerver par le fréquent exercice de l'acte vénérien, dans le temps que sa force luy permet de servir sa Nation contre ses Ennemis: outre qu'il ne veut pas exposer une femme & des enfans à la douleur de le voir tué ou pris. Or, comme il est impossible qu'un jeune homme puisse se contenir totalement sur cette matiére, il ne faut pas trouver mauvais que les Garçons une ou deux fois le mois, recherchent la compagnie des Filles, & que ces Filles souffrent celle des Garçons; sans cela, nos jeunes gens en seroient extrémement incommodés, comme l'exemple l'a fait voir envers plusieurs, qui, pour mieux courir, avoient gardé la continence; & d'ailleurs nos Filles auroient la bassesse de se donner à nos Esclaves.

LAHONTAN.

Croi-moy, mon cher Ami, Dieu ne se paye pas de ces raisons-là, il veut qu'on se marie, ou qu'on n'ait aucun commerce avec le Séxe. Car pour une seule pensée amoureuse, un seul desir, une simple volonté de con-

contenter sa passion brutale, il faut brûler éternellement. Et quand tu trouves de l'impossibilité dans la Continence, tu donnes un démenti à Dieu, car il n'a ordonné que des choses possibles. On peut se modérer quand on le veut; il ne faut que le vouloir. Tout homme qui croit en Dieu doit suivre ces préceptes, comme nous avons dit. On résiste à la tentation par le secours de sa grace qui ne nous manque jamais. Voi, par exemple, les Jésuites, crois-tu qu'ils ne soient pas tentés, quand ils voyent de belles filles dans ton Village? Sans contredit ils le sont; mais ils apellent Dieu à leur secours; ils passent leur vie, aussi bien que nos Prêtres, sans se marier, ni sans avoir aucun commerce criminel avec le Séxe. C'est une promesse solemnelle qu'ils font à Dieu, quand ils endossent l'habit noir. Ils combatent toute leur vie les tentations; il se faut faire de la violence pour gagner le Ciel : il faut fuir les occasions de peur de tomber dans le péché. On ne sçauroit mieux les éviter qu'en se jettant dans les Cloîtres.

ADARIO.

Je ne voudrois pas pour dix Castors être obligé de garder le silence sur cette matière. Premiérement ces gens-là font un crime en jurant la Continence; Car Dieu ayant créé autant d'hommes, que de femmes, il a voulu que les uns & les autres travaillassent à la propagation du genre humain. Toutes choses multiplient dans la Nature, les Bois, les Plantes, les Oiseaux, les Animaux & les Insectes. C'est une leçon qu'ils nous donnent

nent tous les ans. Et les gens qui ne font pas ainſi ſont inutiles au monde, ne ſont bons que pour eux-mêmes, & ils volent à la terre le bled qu'elle leur donne, puiſqu'ils n'en font aucun uſage, ſelon vos principes. Ils font un ſecond Crime quand ils violent leur ſerment (ce qui leur eſt aſſez ordinaire) car ils ſe moquent de la parole & de la foy qu'il ont donnée au grand Eſprit. En voici un troiſiéme qui en améne un quatriéme, dans le commerce qu'ils ont ſoit avec les filles, ou avec les femmes. Si c'eſt avec les filles il eſt conſtant qu'ils leur ôtent en les déflorant ce qu'ils ne ſçauroient jamais leur rendre, c'eſt à dire cette fleur que les François veulent cuéillir eux-mêmes, quand ils ſe marient, & laquelle ils eſtiment un tréſor dont le vol eſt un des grands crimes qu'ils puiſſent faire. En voilà déja un, & l'autre eſt que pour les garentir de la groſſeſſe, ils prenent des précautions abominables, en faiſant l'ouvrage à demi; ſi c'eſt avec les femmes, ils ſont reſponſables de l'adultére & du mauvais ménage qu'elles font avec leurs maris. Et de plus les enfans qui en proviennent ſont des voleurs qui vivent aux dépens de leurs demi-fréres. Le cinquiéme crime qu'ils commétent, conſiſte dans les voyes illégitimes & profanes dont ils ſe ſervent pour aſſouvir leur paſſion brutale; car comme ce ſont eux qui prêchent vôtre Evangile, ils leur font entendre en particulier, une explication bien diférente de celle qu'ils débitent en public, ſans quoy ils ne pourroient pas autoriſer leur libertinage, qui paſſe pour crime

me selon vous autres. Tu vois bien que je parle juste, & que j'ay veu en France ces bons Prêtres noirs ne pas câcher leurs visages avec leurs chapeaux, quand ils voyent les femmes. Encore une fois, mon cher Frére, il est impossible de se passer d'elles à un certain âge, encore moins de n'y pas penser. Toute cette résistance, ces efforts dont tu parles, sont des contes à dormir debout. De même cette occasion que tu prétens qu'on évite en s'enfermant dans le Couvent, pourquoy soufre-t'on que les jeunes Prêtres ou Moines confessent des filles & des femmes? Est-ce fuir les occasions? n'est-ce pas plûtôt les chercher? Qui est l'homme au monde qui peut entendre certaines galanteries dans les Confessionaux, sans être hors de soy même? sur tout des gens sains, jeunes & robustes qui ne travaillent point, & ne mangent que des viandes nourrissantes, assaisonnées de cent drogues, qui échauffent assez le sang sans autre provocation. Pour moy je m'étonne aprez cela qu'il y ait un seul Ecclésiastique qui aille dans ce paradis du grand Esprit; & tu ozes me soûtenir que ces gens-là se font Moines & Prêtres pour éviter le péché, pendant qu'il sont adonnez à toutes sortes de vices? Je sçay par d'habiles François que ceux d'entre vous qui se font Prêtres ou Moines ne songent qu'à vivre à leur aise, sans travail, sans inquiétude, de peur de mourir de faim, ou d'aller à l'Armée. Pour bien faire il faudroit que tous ces gens-là se mariassent, & qu'il demeurassent chacun dans leur ménage; ou tout au moins ne recevoir de Prêtres ou de Moines au dessous de l'âge de 60 ans. Alors ils pourroient confesser, prêcher, visiter sans scrupule les familles, par leur exemple édifier tout le Monde. Alors, dis-je, ils ne pourroient séduire ni femmes ni filles. Ils seroient sages, modérés, considérez par leur vieillesse & par leur conduite, & la Nation n'y perdroit rien, puis qu'à cet âge-là on est hors d'état de faire la guerre.

L A H O N T A N.
Je t'ay déja dit une fois qu'il ne falloit pas comprendre tout le Monde en des choses ou trés-peu de gens ont part. Il est vray qu'il y en peut avoir quelques-uns qui ne se font Moines ou Prêtres que pour subsister commodément, & qui abandonnant les devoirs de leur Ministére, se contentent d'en tirer les revenus. J'avoüe qu'il y en a d'yvrognes, de violens, & d'emportés dans leurs actions & dans leurs paroles; qu'il s'en trouve d'une avarice sordide, & d'un attachement extréme à leur intérest; d'orgueilleux, d'implacables dans leurs haines, de paillards, de débauchez, de jureurs, d'ypocrites, d'ignorans, de mondains de médisans, &c. mais le nombre en est trés petit, parce qu'on ne reçoit dans l'Eglise que des gens sages dont on soit bien assûré, on les éprouve, & on tâche de connoître le fond de leur ame avant que de les y admétre. Néanmoins, quelque précaution qu'on prenne, il ne se peut faire qu'on n'y soit trompé quelquefois; C'est pourtant un malheur, car lorsque ces vices paroissent dans la conduite de ces gens-là, c'est asseurément le plus grand des scandales; dez là les paroles

roles saintes se salissent dans leur bouche, les Loix de Dieu sont méprisées, les choses divines ne sont plus respectées; le Ministére s'avilit, la Religion en général tombe dans le mépris; & le peuple n'estant plus retenu par le respect que l'on doit avoir pour la Réligion se donne une entiere licence. Mais il faut que tu saches que nous-nous réglons plûtôt par la doctrine que par l'exemple de ces indignes Ecclésiastiques. Nous ne faisons pas comme vous autres, qui n'avez pas le discernement & la fermeté necessaires pour sçavoir ainsi séparer la doctrine d'avec l'exemple, & pour n'estre pas ébranlez par les scandales que donnent ceux que tu as veu à Paris; dont la vie & la prédication ne s'acordent pas. Enfin tout ce que j'ay à te dire, c'est que le Pape recommandant expressément à nos Evêques de ne conferér à aucun Sujet indigne les Ordres Ecclésiastiques, ils prénent bien garde à ce qu'ils font, & ils tâchent en même temps de ramener à leur devoir ceux qui s'en écartent.

A D A R I O.

C'est quelque chose d'étrange que depuis que nous parlons ensemble, tu ne me répondes que superficiellement sur toutes les objections que je t'ay fait; Je voi que tu cherches des détours, & que tu t'éloignes toûjours du sujet de mes questions. Mais à propos du Pape, il faut que tu sçaches, qu'un Anglois me disoit un jour à la *Nieu-Jorc*, que c'estoit comme nous un homme, mais un homme qui envoyoit en enfer tous ceux qu'il excommunioit, qu'il faisoit sortir d'un
second

second lieu de flammes, que tu as oublié, tous ceux qu'il vouloit, & qu'il ouvroit les portes du Païs du grand Esprit à qui bon luy sembloit, parce qu'il avoit les Clefs de ce bon Païs-là; si cela est, tous ses amis devroient donc se tuer quand il meurt, pour se trouver à l'ouverture des portes en sa Compagnie; & s'il a le pouvoir d'envoyer les ames dans le feu éternél, il est dangéreux d'être de ses ennemis, Ce même Anglois ajoûtoit que cette grande autorité ne s'étendoit nullement sur la Nation Angloise, & qu'on se moquoit de luy en Angleterre. Di-moy, je te prie, s'il a dit la vérité.

LAHONTAN.

Il y auroit tant de choses à raconter sur cette question, qu'il me faudroit quinze jours pour te les expliquer. Les Jésuites te les distingueront mieux que moy. Néamoins je puis te dire en passant que l'Anglois railloit en disant quelques véritez. Il avoit raison de te persuader que les gens de sa Réligion ne demandent pas au Pape le chemin du Ciel, puisque cette foy vive, dont nous avons tant parlé, les y conduit en disant des injures à ce saint homme. Le fils de Dieu veut les sauver tous par son sang & par ses mérites; Or s'il le veut, il faut que cela soit. Ainsi, tu vois bien qu'ils sont plus heureux que les François dont ce Dieu exige de bonnes œuvres qu'ils ne font guéres. Sur ce pied là nous allons en enfer, si nous contrevenons par nos méchantes actions au Commandement de Dieu dont nous avons parlé, quoique nous ayons la mê-

même foy qu'eux. A l'égard du second lieu de flammes, dont tu parles, & que nous appellons le Purgatoire, ils font exempts d'y passer, car ils aimeroient mieux vivre éternellement sur la Terre, sans jamais aller en paradis, que de brûler des milliers d'années chemin faisant. Ils sont si délicats sur le point d'honneur, qu'ils n'accepteroient jamais de presens au prix de quelques bastonades. On ne fait pas, selon eux, une grace à un homme lorsqu'on le maltraite en luy donnant de l'argent, c'est plûtôt une injure. Mais les François, qui sont moins scrupuleux que les Anglois, tiénent pour une grande faveur, celle de brûler une infinité de siécles dans ce Purgatoire, parce qu'ils connoissent mieux le prix du Ciel.

Or comme le Pape est leur Créancier, & qu'il leur demande la restitution de ses biens, ils n'ont garde de luy demander ses pardons, c'est à dire un passeport pour aller en paradis, sans passer en Purgatoire ; car il leur donneroit plûtôt pour aller à cet enfer, qu'ils prétendent n'avoir jamais esté fait pour eux. Mais nous autres François qui luy faisons une rente assez belle, par la connoissance que nous avons de son pouvoir extréme, & des péchez que nous commettons tous contre Dieu, il faut de nécessité que nous ayons recours aux indulgences de ce saint homme, pour en obtenir un pardon qu'il a pouvoir de nous acorder ; & tel parmi nous qui seroit condamné à quarante mille ans de Purgatoire, avant que d'aller au Ciel, peut en estre quitte pour une seule parole du Pape. Les Jésuites, comme je te l'ai déja dit, t'expliqueront à merveilles le pouvoir du Pape, & l'état du Purgatoire. A-

La diférence que je trouve entre vôtre créance, & celle des Anglois, embarasse si fort mon esprit, que plus je cherche à m'éclaircir, & moins je trouve de lumiéres. Vous feriez mieux de dire tous tant que vous étes, que le grand Esprit a donné des lumiéres sufisantes à tous les hommes, pour conoître ce qu'ils doivent croire & ce qu'il doivent faire, sans se tromper. Car j'ay ouï dire que parmi chacune de ces Réligions diférentes, il s'y trouve un nombre de gens de diverses opinions; comme, par exemple, dans la vôtre chaque Ordre Religieux soutient certains points diférents des autres, & se conduit aussi diversement en ses Instituts qu'en ses habits, cela me fait croire qu'en Europe chacun se fait une religion à sa mode, diférente de celle dont il fait profession extérieure. Pour moy, je croy que les hommes sont dans l'impuissance de conoître ce que le grand Esprit demande d'eux, & je ne puis n'empêcher de croire que ce grand Esprit estant aussi juste & aussi bon qu'il l'est, sa justice ait pû rendre le salut des hommes si dificile, qu'ils seront tous damnés hors de vostre religion, & que même peu de ceux qui la professent iront dans ce grand paradis. Croi-moy, les affaires de l'autre monde sont bien diférentes de celles-ci. Peü de gens sçavent ce qui s'y passe. Ce que nous sçavons c'est que nous autres Hurons ne sommes pas les auteurs de nôtre création; que le grand Esprit nous a fait honnêtes gens, en vous faisant des scelerats qu'il envoye sur nos Terres,

res, pour corriger nos défauts & suivre noſtre exemple. Ainſi, mon Frére, croi tout ce que tu voudras, aïe tant de foy qu'il te plaira, tu n'iras jamais dans le bon païs des Ames ſi tu ne te fais Huron. L'innocence de nôtre vie, l'amour que nous avons pour nos fréres, la tranquillité d'ame dont nous jouiſſons par le mépris de l'intéreſt, ſont trois choſes que le grand Eſprit exige de tous les hommes en général. Nous les pratiquons naturellement dans nos Villages, pendant que les Européans ſe déchirent, ſe volent, ſe diffament, ſe tuent dans leurs Villes, eux qui voulant aller au païs des Ames ne ſongent jamais à leur Créateur, que lors qu'ils en parlent avec les Hurons. Adieu, mon cher Frére, il ſe fait tard; je me retire dans ma Cabane pour ſonger à tout ce que tu m'as dit, afin que je m'en reſſouvienne demain, lorsque nous raiſonnerons avec le Jéſuite.

DES LOIX.

LAHONTAN.

Et bien, mon Ami, tu as entendu le Jéſuite, il t'a parlé clair, il t'a bien mieux expliqué les choſes que moy. Tu vois bien qu'il y a de la diférence de ſes raiſonemens aux miens. Nous autres gens de guerre ne ſçavons que ſuperficiellement nôtre réligion, qui eſt pourtant une ſçience que nous devrions ſçavoir le mieux: mais les Jéſuites la poſſédent à tel point, qu'ils ne manquent jamais de convaincre les Peuples de la Terre les plus incrédules & les plus obſtinez.

A te parler franchement, mon cher Frére, je n'ay pû concevoir quasi rien de ce qu'il m'a dit, & je suis fort trompé s'il l'a compris luy même. Il m'a dit cent fois les mêmes choses dans ma Cabane, & tu as bien pû remarquer que je luy répondis vint fois hier, que j'avois déja entendu ses raisonnements à diverses reprises. Ce que je trouve encore de ridicule, c'est qu'il me persécute à tout moment de les expliquer mot pour mot au gens de ma Nation, parce que, dit-il, ayant de l'esprit, je puis trouver des termes assez expressifs dans ma Langue pour rendre le sens de ses paroles plus intelligible que luy, à qui le langage Huron n'est pas assez bien connu. Tu as bien veu que je luy ay dit qu'il pouvoit baptizer tous les enfans qu'il voudroit, quoi qu'il n'ait sçeu me faire entendre ce que c'est que le bâtême. Qu'il fasse tout ce qu'il voudra dans mon Village, qu'il y fasse des Chrêtiens, qu'il prêche, qu'il bâtize, je ne l'en empêche pas. C'est assez parler de Religion; venons à ce que vous appellez *les Loix*; c'est un mot comme tu sçais que nous ignorons dans nôtre langue; mais j'en connois la force & l'expression, par l'explication que tu me donnas l'autre jour; avec les exemples que tu ajoûtas pour me le faire mieux concevoir. Di-moy, je te prie, les Loix n'est-ce pas dire les choses justes & raisonnables ? Tu dis qu'oüy; & bien, observer les Loix c'est donc observer les choses justes & raisonnables. Si cela est, il faut que vous preniez ces choses justes & raisonnables dans un autre sens que nous,

nous; ou que, si vous les entendés de même, vous ne les suiviez jamais.

LAHONTAN.
Vraîment tu fais là de beaux contes & de belles distinctions! est ce que tu n'as pas l'esprit de concevoir depuis 20. ans, que ce qui s'appelle raison, parmi les Hurons, est aussi raison parmi les François? Il est bien sûr que tout le Monde n'observe pas ces Loix, car si on les observoit, nous n'aurions que faire de châtier personne; alors ces Juges que tu as veu à Paris & à Quebec, seroient obligés de chercher à vivre par d'autres voies. Mais comme le bien de la societé consiste dans la justice & dans l'observance de ces Loix, il faut châtier les méchans, & recompenser les bons; sans cela tout le Monde s'égorgeroit, on se pilleroit, on se diffameroit, en un mot, nous serions les gens du Monde les plus malheureux.

ADARIO.
Vous l'étes assez déja, je ne conçoi pas que vous puissiez l'être davantage. O quel genre d'hommes sont les Européans! O quelle sorte de creatures! qui font le bien par force, & n'évitent à faire le mal que par la crainte des châtimens? Si je te demandois ce que c'est qu'un homme, tu me repondrois que c'est un François, & moi je te prouverai que c'est plûtôt un Castor. Car un homme n'est pas homme à cause qu'il est planté droit sur ses deux pieds, qu'il sçait lire & écrire, & qu'il a mille autres industries. J'apelle un homme celui qui a un penchant na-

turel à faire le bien & qui ne ſonge jamais à faire du mal. Tu vois bien que nous n'avons point des Juges ; pourquoy ? parceque nous n'avons point de quérelles ni de procez. Mais pourquoy n'avons nous pas de procez ? C'eſt parceque nous ne voulons point recevoir ni connoître l'argent. Pourquoy eſt-ce que nous ne voulons pas admétre cet argent ? c'eſt parce que nous ne voulons pas de loix, & que depuis que le monde eſt monde nos Péres ont vêcu ſans cela. Au reſte, il eſt faux, comme je l'ay déja dit, que le mot de Loix ſignifie parmi nous les choſes juſtes & raiſonables, puis que les riches s'en moquent & qu'il n'y a que les malheureux qui les ſuivent. Venons donc à ces loix ou choſes raiſonnables. Il y a cinquante ans que les Gouverneurs de Canada prétendent que nous ſoyons ſous les Loix de leur grand Capitaine. Nous-nous contentons de nier noſtre dépendance de tout autre que du grand Eſprit ; nous ſommes nez libres & fréres unis, auſſi grands Maîtres les uns que les autres ; au lieu que vous étes tous des eſclaves d'un ſeul homme. Si nous ne répondons pas que nous prétendons que tous les François dépendent de nous, c'eſt que nous voulons éviter des quérelles. Car ſur quel droits & ſur quelle autorité fondent-ils cette prétention ? Eſt-ce que nous-nous ſommes vendus à ce grand Capitaine ? Avons nous été en France vous chercher ? C'eſt vous qui eſtes venus ici nous trouver. Qui vous a donné tous les païs que vous habitez ? De quel droit les poſſédez vous ? Ils apartiénent aux *Algonkins* depuis toûjours.

jours. Ma foy, mon cher Frére, je te plains dans l'ame ; Croi-moy, fais toy Huron. Car je voi la diférence de ma condition à la tienn. Je suis maître de mon corps, je dispose de moy-même, je fais ce que je veux, je suis le premier & le dernier de ma Nation ; je ne crains personne, & ne dépens uniquement que du grand Esprit. Au lieu que ton corps & ta vie dépend de ton grand Capitaine; son Viceroy dispose de toi, tu ne fais pas ce que tu veux, tu crains voleurs, faux témoins, assassins &c. Tu dépens de mille gens que les Emplois ont mis au dessus de toy. Est-il vray ou non ? sont-ce des choses improbables & invisibles? Ha! mon cher Frére, tu vois bien que j'ay raison ; cependant tu aimes encore mieux estre Esclave François, que libre Huron ; O le bel homme qu'un François avec ses belles Loix, qui croyant estre bien sage est assûrement bien fou ! puis qu'il demeure dans l'esclavage & dans la dépendance, pendant que les Animaux mêmes joüissant de cette adorable Liberté, ne craignent, comme nous, que des ennemis étrangers.

LAHONTAN.
En vérité, mon Ami, tes raisonnemens sont aussi sauvages que toy. Je ne conçoi pas qu'un homme d'esprit & qui a esté en France & à la Nouvelle Angleterre puisse parler de la sorte. Que te sert-il d'avoir vû nos Villes, nos Forteresses, nos Palais, nos Arts, nôtre industrie & nos plaisirs ? Et quand tu parles de Loix févéres, d'esclavage, & de mille autres sotises, il est seur que tu prêches contre ton sen-

timent. Il te fait beau voir me citer la félicité des Hurons, d'un tas de gens qui ne font que boire, manger, dormir, chaffer, & pêcher, qui n'ont aucune commodité de la vie, qui font quatre cens lieües à pied pour aller affommer quatre Jroquois, en un mot, des hommes qui n'en ont que la figure. Au lieu que nous avons nos aifes, nos commoditez; & mille plaifirs, qui font trouver les momens de la vie fupportables ; il ne faut qu'eftre honnête homme & ne faire de mal à perfonne, pour n'être pas expofé à ces Loix, qui ne font févéres qu'envers les fcélerats & les méchans.

A D A R I O.

Vraîment, Mon cher Frére, tu aurois beau eftre honnête homme, fi deux faux témoins avoient juré ta perte, tu verrois bien fi les Loix font févéres ou non. Eft-ce que les Coureurs de bois ne m'ont pas cité vint exemples de gens innocens que vos Loix ont fait mourir cruellement, & dont on n'a reconnu l'innocence qu'aprés leur mort. Je ne fçay pas fi cela eft vray, mais je voi bien que cela peut être. Ne m'ont-ils pas dit encore (quoique je l'euffe oüi conter en France) qu'on fait foufrir des tourmens épouvantables à de pauvres innocens, pour leu faire avoüer, par la violence des tortures, tout le mal qu'on veut qu'ils aïent fait, & dix fois d'avantage. O quelle tirannie exécrable! Cependant les François prétendent eftre des hommes. Les femmes ne font pas plus exemptes de cette horrible cruauté, & les uns & les autres aiment mieux mourir une fois, que cinquante ; ils ont raifon. Que fi, par une force de courage
ex-

extraordinaire, ils peuvent soufrir ces tourmens, sans avoüer ce crime qu'ils n'ont pas commis; quelle santé, quelle vie leur en reste-t-? Non non, mon cher Frére, les Diables noirs, dont les Jésuites nous parlent tant, ne sont pas dans le Païs où les ames brûlent; ils sont à Quebec & en France, avec les Loix, les faux Témoins, les commoditez de la vie, les Villes, les Forteresses & les plaisirs dont tu me viens de parler.

LAHONTAN.
Les Coureurs de Bois, & les autres qui t'ont fait de semblables contes, sans te raconter sur cela ce qu'ils ne connoissoient pas, sont des sots qui feroient mieux de se taire. Je veux t'expliquer l'affaire comme elle est. Supposons deux faux Témoins qui déposent contre un homme. On les met d'abord en deux Chambres séparées, où ils ne peuvent ni se voir ni se parler. On les interroge ensuite diverses fois l'un aprés l'autre, sur les mêmes déclarations qu'ils font contre l'Accusé; & les Juges ont tant de conscience qu'ils employent toute l'industrie possible pour découvrir si l'un des deux, ou tous les deux ensemble, ne se coupent point. Si par hazard on découvre de la fausseté dans leurs témoignages, ce qui est aisé à voir, on les fait mourir sans remission. Mais s'il paroît qu'ils ne se contredisent en rien; on les présente devant l'Accusé pour sçavoir s'il ne les recuse pas ; & s'il se tient à leur conscience. S'il dit que oui, & qu'en suite ces Témoins jurent par le grand Dieu, qu'ils ont veu tuer, violer, piller, &c.
les

les Juges le comdamnent à mort : A l'égard de la torture, elle ne se donne que quand il ne se trouve qu'un seul témoin, parce qu'il ne sufit pas, les Loix voulant que deux hommes soient une preuve sufisante, & qu'un seul homme soit une demi preuve ; mais il faut que tu remarques que les Juges prénent toute la précaution imaginable, de peur de rendre d'injustes jugemens.

ADARIO.

Je suis aussi sçavant que je l'estois ; car au bout du conte, deux faux Témoins s'entendent bien, avant que de se présenter, & la torture ne se donne pas moins par la déclaration d'un scelerat que par celle d'un honnête homme, qui, selon moy, cesseroit de l'être par son témoignage, quoiqu'il eut veu le crime. Ah! les bonnes gens que les François, qui, bien loin de se sauver la vie les uns aux autres, comme fréres, le pouvant faire, ne le font pas. Mais, di-moy, que pense-tu de ces Juges ? Est-il vray qu'il y en ait de si ignorans comme on dit, & d'autres si méchans, que pour un Ami, pour une Courtisane, pour un grand Seigneur, ou pour de l'argent, ils jugent injustement contre leurs consciences? Je te voi déja prêt de dire que cela est faux; que les Loix font des choses justes & raisonables. Cependant je sçay que cela est aussi vray que nous sommes ici. Car celui qui a raison de demander son bien à un autre qui le posséde injustement, fait voir clair comme le jour la vérité de sa cause, n'atrape rien du tout, si ce Seigneur, cette Courtisane, cet Ami

Ami & cet argent parlent pour fa partie, aux Juges, qui doivent décider l'afaire. Il en eſt de même pour les gens accuſez de crime. Ha! vive les Hurons, qui ſans Loix, ſans priſons, & ſans tortures, paſſent la vie dans la douceur, dans la tranquillité, & joüiſſent d'un bonheur inconnu aux François. Nous vivons ſimplement ſous les Loix de l'inſtinct, & de la conduite innocente que la Nature ſage nous a imprimée dés le berceau. Nous ſommes tous d'acord, & conformes en volontez, opinions & ſentimens. Ainſi, nous paſſons la vie dans une ſi parfaite intelligence, qu'on ne voit parmi nous ni procez, ni diſpute, ni chicanes. Ha! malheureux, que vous eſtes à plaindre d'eſtre expoſés à des Loix auxquelles vos Juges ignorans, injuſtes & vicieux contreviennent autant par leur conduite particuliere qu'en l'adminiſtration de leurs Charges. Ce ſont-là ces équitables Juges qui manquent de droiture, qui ne raportent leur Emploi qu'à leurs interêts, qui n'ont en veüe que de s'enrichir, qui ne ſont acceſſibles qu'au démon de l'argent, qui n'adminiſtrent la juſtice que par un principe d'avarice, ou par paſſion, qui autoriſant le crime exterminent la juſtice & la bonne foy, pour donner cours à la tromperie, à la chicane, à la longueur des procez, à l'abus & à la violation des ſermens, & à une infinité d'autres déſordres. Voilà ce que font ces grands Souteneurs des belles Loix de la Nation Françoiſe.

L A H O N T A N.
Je t'ay déja dit qu'il ne faut pas croire
tout

tout ce que les sottes gens disent; tu t'amuses à des Ignorans qui n'ont pas la teinture du sens commun, & qui te débitent des mensonges pour des véritez. Ces mauvais Juges, dont ils t'ont parlé, sont aussi rares que les Castors blancs. Car on n'en trouveroit peut-être pas quatre dans toute la France. Ce sont des gens qui aiment la vertu, & qui ont une ame à sauver comme toy & moy ; qui en qualité de personnes publiques ont à répondre devant un Juge qui n'a point d'égard à l'apparence des Personnes, & devant lequel le plus grand des Monarques n'est pas plus que le moindre des Esclaves. Il n'y en a presque point qui n'aimât mieux mourir, que de blesser sa conscience & de violer les Loix ; l'argent est de la boüe pour eux, les femmes les échaufent moins que la Glace, les Amis & les grands Seigneurs ont moins de pouvoir sur leur esprit, que les vagues contre les rochers ; ils corrigent le libertinage, ils reforment les abus, & ils rendent la justice à ceux qui plaident, sans qu'aucun interêt s'en mêle. Pour moy, j'ay perdu tout mon bien en perdant trois ou quatre procez à Paris, mais je serois bien fâché de croire qu'ils les ont mal jugés; quoique mes Parties, avec de trés mauvaises causes, me manquoient ni d'argent ni d'amis. Ce sont les Loix qui m'ont jugé, & les Loix sont justes & raisonnables; je croyois avoir raison parce que je ne les avois pas bien étudiées.

ADARIO.

Je t'avoüe que je ne conçois rien à ce
que

que tu me dis ; car enfin je fçay le contraire, & ceux qui m'ont parlé des vices de ces Juges font affûrément des gens d'efprit & d'honneur. Mais quand perfonne me m'en auroit informé, je ne fuis pas fi groffier que je ne voye moy-même l'injuftice des Loix & des Juges. Ecoute un peu, mon cher Frere ; allant un jour de Paris à Verfailles, je vis à moitié chemin un Païfan qu'on alloit foüéter pour avoir pris des perdrix & des liévres à des lacets. J'en vis un autre entre la Rochelle & Paris qu'on condamna aux galéres, parce qu'on le trouva faifi d'un petit fac de fel. Ces deux miferables hommes furent châtiez par ces injuftes Loix, pour vouloir faire fubfifter leurs pauvres Familles ; pendant qu'un million de Femmes font des enfans en l'abfence de leurs Maris ; que des Médecins font mourir les trois Carts des hommes, & que les Joüeurs mettent leurs familles à la mendicité, en perdant tout ce qu'ils ont au Monde, fans être châtiés ; Où font donc ces Loix juftes & raifonnables, où font ces Juges qui ont une ame à garder comme toy & moy ? Aprés cela tu ozes encore dire que les Hurons font des Bêtes ! Vraîment, ce feroit quelque chofe de beau fi nous allions châtier un de nos Fréres pour des liévres & pour des perdrix ! Ce feroit encore une belle chofe entre nous, de voir nos femmes multiplier le nombre de nos enfans pendant que nous allons en guerre contre nos ennemis. Des Médecins empoifonner nos familles, & des Joüeurs perdre les Caftors de leurs chaffes ; ce font pourtant des bagatelles en
France

France qui ne font point sujettes aux belles Loix des François. En vérité, il y a bien de l'aveuglement dans l'esprit de ceux qui nous connoissent, & ne nous imitent pas.

LAHONTAN.

Tout beau, mon cher Ami, tu vas trop vîte, croi moi, tes connoissances sont si bornées, comme je t'ay déja dit, que la portée de ton esprit n'envisage que l'apparence des choses. Si tu voulois entendre raison, tu concevrois d'abord que nous n'agissons que sur de bons principes, pour le maintien de la Societé. Il faut que tu sçaches que les loix condamnent les gens qui tombent dans les cas que tu viens de citer, sans en excepter aucun. Premiérement les Loix défendent aux Païsans de tuer ni liévres ni perdrix, sur tout aux environs de Paris; parce qu'ils en dépeupleroient le Royaume, s'il leur étoit permis de chasser. Ces gens-là ont recû de leurs Seigneurs les terres dont ils joüissent, & ceux-ci se sont réservé la chasse, comme leurs Maitres. Les païsans leur font un vol, & contreviennent en même-temps à la défence établie par les Loix. De même ceux qui transportent du sel, parce que c'est un droit qui appartient directement au Roi. A l'égard des Femmes & des Joüeurs, dont tu viens de parler, il faut que tu croyes qu'on les renferme dans des prisons & dans des Couvens, d'où ni les uns ni les autres ne sortent jamais. Pour ce qui est des Médecins, il ne seroit pas juste de les maltraiter, car de cent malades il n'en tuent pas deux, ils font ce qu'ils peuvent pour nous guérir. Il faut bien que les Vieillards & les gens ufez finiffent. Néanmoins quoique nous ayons tous affaire de ces Docteurs, s'il eftoit prouvé qu'ils euffent fait mourir quelqu'un par ignorance, ou par malice, les Loix ne les épargneroient pas plus que les autres, & les condamneroient à des prifons perpétuelles, &, peut-être, à quelque chofe de pis.

ADARIO.

Il faudroit bien des prifons fi ces Loix étoient obfervées ; mais je vois bien que tu ne dis pas tout, & que tu ferois fâché de pouffer la chofe plus loin, de peur de trouver mes raifons fans replique. Venons maintenant à ces deux hommes qui fe fauvérent l'année paffée à Quebec, pour n'être pas brulés en France, & difons, en examinant le crime dont on les accufe, qu'il y a de bien fottes Loix en Europe. Hé bien ces deux François font des prétendus Magiciens *Jongleurs*, on les accufe d'avoir *jonglé*, quel mal ont-ils fait ? Ces pauvres gens ont peut-être eû quelque maladie, qui leur a laiffé cette folie, comme il arrive parmi nous. Di-moi un peu, je te prie, quel mal font nos *Jongleurs* ? Ils s'enferment feuls dans une petite Cabane lorfqu'on leur recommande quelque malade, ils y chantent, ils crient ils dancent, ils difent cent extravagances ; enfuite ils font connoître aux Parens du malade qu'il faut faire un feftin pour confoler le malade, foit de viande, foit de poiffon, felon le goût de ce *Jongleur*, qui n'eft qu'un Médecin imaginaire, dont l'efprit eft troublé par l'acl'accident de quelque fiévre chaude qu'il a essuyée. Tu vois bien que nous-nous raillons d'eux en leur absence, & que nous connoissons leur fourberie; tu sçais encore qu'ils font comme des insensez dans leurs actions, comme dans leurs paroles, qu'ils ne vont ni à la chasse ni à la guerre. Pourquoy brûlerions-nous les pauvres gens qui parmi vous ont le même malheur?

LAHONTAN.

Il y a bien de la diférence de nos *Jongleurs* aux vôtres; car ceux parmi nous qui le font parlent avec le méchant Esprit, font des festins avec luy, toutes les nuits; ils empêchent un mari de caresser sa femme par leurs sortileges; ils corrompent aussi les filles sages & vertueuses par un charme qu'ils métent dans ce qu'elles doivent boire ou manger. Ils empoisonnent les Bestiaux, ils font périr les biens de la Terre, mourir les hommes en langueur, blesser les femmes grosses; & cent autres maux que je ne te raconte pas. Ces gens-là s'appellent Enchanteurs & Sorciers, mais il y en d'autres encore plus méchans; ce sont les Magiciens. Ils ont des conversations familiéres avec le méchant Esprit, ils le font voir à ceux qui en ont la curiosité sous telle figure qu'ils veulent. Ils ont des secrets pour faire gagner au jeu & enrichir ceux à qui ils les donnent. Ils devinent ce qui doit arriver; ils ont le pouvoir de se métamorphoser en toutes sortes d'Ammaux, & de figures les plus horribles; ils vont en certaines

taines maisons faire des hurlemens affreux mêlés de cris & de plaintes effroyables, ils y paroissent tous en feu plus hauts que des arbres, traînant des chaînes aux pieds, portant des serpens dans la main; enfin ils épouvantent tellement les gens, qu'on est obligé d'aller chercher les Prêtres pour les exorciser, croyant que ce sont des ames qui viennent du Purgatoire en ce monde, y demander quelques Messes, dont elles ont besoin pour aller jouïr de la veüe de Dieu. Il ne faut donc pas que tu t'étonnes si on les fait brûler sans remission, selon les Loix dont nous parlons.

ADARIO.

Quoi! seroit-il possible que tu croïes ces bagatelles? Il faut asseurément que tu railles, pour voir ce que je répondray. C'est apparemment de ces contes que j'ay veu dans les fables d'Esope, livres où les Animaux parlent. Il y a icy des Coureurs de Bois qui les lisent tous les jours, & je me trompe fort si ce que tu viens de me raconter, n'y est écrit. Car il faudroit être fou pour croire sérieusement, que le méchant Esprit, supposé qu'il soit vray qu'il y en ait un, tel que les Jésuites me l'ont dépeint, eût le pouvoir de venir sur la Terre. Si cela étoit, il y feroit assés de mal luy-même, sans le faire faire à ces Sorciers, & s'il se communiquoit à un homme il se communiqueroit bien à d'autres; & comme il y a plus de méchans hommes que de bons parmi vous, il n'y en a pas un qui ne voulût être sorcier; alors tout seroit perdu, le Monde de seroit renversé, en un mot ce seroit un désordre irrémédiable. Sçais tu bien, mon Frére, que c'est faire tort au grand Esprit de croire ces sotises. Car c'est l'accuser d'autorizer les méchancetez & d'être la cause directe de toutes celles que tu viens de raconter, en permettant à ce méchant Esprit de sortir de l'enfer. Si le grand Esprit est si bon que nous le sçavons toy & moy, il seroit plus croyable qu'il envoyât de bonnes Ames sous d'agréables figures, reprocher aux hommes leurs mauvaises actions & les inviter à l'amiable de pratiquer la vertu, en leur faisant une peinture du bonheur des Ames qui sont heureuses dans le bon Païs où elles sont. A l'égard de celles qui sont dans le Purgatoire (si tant est qu'il y ait un tel lieu) il me semble que le grand Esprit n'a guére besoin d'estre prié par des gens, qui ont assez affaire de prier pour eux-mêmes; & qu'il pourroit bien leur donner la permission d'aller au Ciel, s'il leur acorde celle de venir sur la Terre. Ainsi, mon cher Frére, si tu me parles sérieusement de ces choses, je croiray que tu rêves, ou que tu as perdu le sens. Il faut qu'il y ait quelque autre méchanceté dans l'acusation de ces deux *Jongleurs*, ou bien vos Loix & vos Juges sont aussi fort déraisonables. La conclusion que je tirerois de ces méchancetez, si elles étoient vraies; c'est que puisqu'on ne voit rien de semblable chez aucun peuple de Canada, il faut absolument que ce méchant Esprit ait un pouvoir sur vous, qu'il n'a pas sur nous. Cela étant, nous sommes donc de bonnes gens, & vous,

tout

tout au contraire pervers, malicieux & adonnez à toutes sortes de vices & de méchancetez. Mais finissons, je te prie, sur cette matiére, dont je ne veux entendre aucune replique ; & di moy, à propos de Loix, pourquoy elles soufrent qu'on vende les filles pour de l'argent, à ceux qui veulent s'en servir? Pourquoy on permet certaines Maisons publiques, où les putains & les maquerelles s'y trouvent à toute heure pour toute sorte de gens ? Pourquoy on permet de porter l'épée aux uns, pour tuer ceux à qui il est défendu d'en porter ? Pourquoy permet on encore de vendre du vin au dessus de certaine quantité, & dans lequel on met mille drogues qui ruinent la santé ? Ne vois-tu pas les malheurs qui arrivent icy, comme à Quebec, par les yvrognes ? Tu me répondras, comme d'autres ont déja fait, qu'il est permis au Cabarétier de vendre le plus de marchandise qu'il peut pour gagner sa vie, que celuy qui boit doit se conduire lui-même, & se modérer sur toutes choses. Mais je te prouveray que cela est impossible, parce qu'on a perdu la raison avant qu'on puisse s'en apercevoir ; ou du moins elle demeure si afoiblie, qu'on ne connoît plus ce qu'on doit faire. Pourquoy ne défend-on pas aussi les jeux excessifs qui traînent mille maux aprez eux. Les Péres ruïnent leurs familles (comme je t'ay déja dit,) les enfans volent leurs Péres ou les endétent ; les filles & les femmes se vendent quand elles ont perdu leur argent, aprez avoir consumé leurs meubles & leur habits; delà viennent des disputes, des meurtres, des inimi-

C   tiez

tiez & des haines irréconciliables. Voilà, mon Frére, des defences inutiles chez les Hurons, mais qu'on devroit bien faire dans le Païs des François ; ainsi peu à peu reformant les abus que l'intérêt a introduit parmi vous, j'espérerois que vous pourriez un jour vivre sans loix, comme nous faisons.

LAHONTAN.

Je t'ay déja dit une fois, qu'on châtioit les Joüeurs, on en use des même envers les Maqueraux & les Courtisanes, sur tout envers les Cabarétiers, lorsqu'il arrive du désordre chez eux. La diférence qu'il y a, c'est que nos Villes sont si grandes & si peuplées, qu'il n'est pas facile aux Juges de découvrir les méchancetez qu'on y fait. Mais cela n'empêche pas que les Loix ne les défendent, & on fait tout ce qu'on peut pour rémédier à ces maux. En un mot, on travaille avec tant de soin & d'aplication à détruire les mauvaises coûtumes, à établir le bel ordre par tout, à punir le vice, & à recompenser le mérite, que, pour peu que tu voulusses te défaire de tes mauvais préjugez, & considérer à fond l'excellence de nos loix, tu serois obligé d'avoüer que les François sont gens équitables, judicieux & sçavans, qui suivent mieux que vous autres les véritables régles de la Justice & de la Raison.

ADARIO.

Je voudrois bien avoir occasion de le croire avant que de mourir, car j'aime naturellement les bons François ; mais j'apréhenhende bien de n'avoir pas cette confolation. Il faut donc que vos Juges commencent les premiers à fuivre les Loix, pour donner exemple aux autres, qu'ils ceffent d'oprimer les Veuves, les Orphelins & les miférables; qu'ils ne faffent pas languir les procez des Plaideurs, qui font des voyages de cent lieües; en un mot, qu'ils jugent les caufes de la même maniére que le grand Efprit les jugera. Que vos Loix diminuent les tributs & les impofitions que les pauvres gens font obligés de païer, pendant que les riches de tous états ne païent rien à proportion des biens qu'ils poffédent. Il faut encore que vous défendiez aux Coureurs de Bois d'aporter de l'eau de vie dans nos Villages, pour arrêter le cours des yvogneries qui s'y font. Alors j'efpéreray que peu à peu vous-vous perfectionerez, que l'égalité de biens pourra venir peu à peu, & qu'à la fin vous détefterez cet interêt qui caufe tous les maux qu'on voit en Europe; Ainfi n'ayant ni *tien* ni *mien*, vous vivrez avec la même felicité des Hurons. C'en eft affez pour aujourd'huy. Voilà mon Efclave qui vient m'avertir qu'on m'attend au Village. Adieu, mon cher Frére, jufqu'à demain.

L A H O N T A N.
Il ne femble, mon cher Ami, que tu ne viendrois pas de fi bonne heure chez moy, fi tu n'avois envie de difputer encore. Pour moy, je te déclare, que je ne veux plus enrer en matiére avec toy, puifque tu n'és pas capable de concevoir mes raifonnemens, tu es fi fort prévenu en faveur de ta Nation, fi

fort préocupé des tes manieres sauvages, & si peu porté à examiner les nôtres, comme il faut, que je ne daigneray plus me tuer le corps & l'ame, pour te faire connoître l'ignorance & la misére dans lesquelles on voit que les Hurons ont toûjours vêcu. Je suis ton Ami, tu le scais; ainsi je n'ay d'autre intérêt que celuy de te montrer le bonheur des François; afin que tu vives comme eux, aussi bien que le reste de ta Nation. Je t'ay dit vint fois que tu t'ataches à considérer la vie de quelques méchans François, pour mesurer tous les autres à leur aune; je t'ay fait voir qu'on les châtioit; tu ne te paye pas de ces raisons là, tu t'obstines par des réponces injurieuses à me dire que nous ne sommes rien moins que des hommes. Au bout du conte je suis las d'entendre des pauvretez de la bouche d'un homme que tous les François regardent comme un trés habile Personnage. Les gens de ta Nation t'adorent tant par ton esprit, que par ton expérience & ta valeur. Tu es Chef de guerre & Chef de Conseil; & sans te flatter; je n'ay guére veu de gens au monde plus vifs & plus pénétrans que tu l'es; Ce qui fait que je te plains de tout mon cœur, de ne vouloir pas te défaire de tes préjugés.

ADARIO.

Tu as tort, mon cher Frére, en tout ce que tu dis, car je ne me suis formé aucune fausse idée de vôtre Religion ni de vos Loix; l'exemple de tous les François en général, m'engagera toute ma vie, à considérer toutes

tes leurs actions, comme indignes de l'homme. Ainsi mes idées sont justes, mes préjugez sont bien fondés, je suis prêt à prouver ce que j'avance. Nous avons parlé de Religion & de Loix, je ne t'ay répondu que le quart de ce que je pensois sur toutes les raisons que tu m'as alléguées ; tu blâmes nôtre maniére de vivre ; les François en général nous prénent pour des Bétes, les Jésuites nous traitent d'impies, de foux, d'ignorans & de vagabons : & nous vous regardons tout sur le même pied. Avec cette différence que nous nous contentons de vous plaindre, sans vous dire des injures. Ecoute, mon cher Frére, je te parle sans passion, plus je réfléchis à la vie des Européans & moins je trouve de bonheur & de sagesse parmi eux. Il y a six ans que je ne fais que penser à leur état. Mais je ne trouve rien dans leurs actions qui ne soit au dessous de l'homme, & je regarde comme impossible que cela puisse être autrement, à moins que vous ne veuilliez vous réduire à vivre, sans le *Tien* ni le *Mien*, comme nous faisons. Je dis donc que ce que vous appelez argent, est le démon des démons, le Tiran des François ; la source des maux ; la perte des ames & le sepulcre des vivans. Vouloir vivre dans les Païs de l'argent & couserver son ame, c'est vouloir se jetter au fond du Lac pour conserver sa vie ; or ni l'un ni l'autre ne se peuvent. Cet argent est le Pére de la luxure, de l'impudicité, de l'artifice, de l'intrigue, du mensonge, de la trahison, de la mauvaise foy, & généralement de tous les maux qui sont au Monde.

de. Le Pere vend ses enfans, les Maris vendent leurs Femmes, les Femmes trahissent leurs Maris, les Fréres se tuent, les Amis se trahissent, & tout pour de l'argent, Di-moy, je te prie, si nous avons tort aprez cela, de ne vouloir point ni manier, ni même voir ce maudit argent.

LAHONTAN.

Quoy, sera-t'-il possible que tu raisoneras tousjours si sottement! au moins écoute une sois en ta vie avec attention ce que j'ay envie de te dire. Ne vois-tu pas bien, mon Ami, que les Nations de l'Europe ne pourroient pas vivre sans l'or & l'argent, ou quelque autre chose précieuse. Déja les Gentishommes, les Prêtres, les Marchans & mille autres sortes de gens qui n'ont pas la force de travailler à la terre, mourroient de faim. Comment nos Rois seroient-ils Rois? Quels soldats auroient ils? Qui est celuy qui voudroit travailler pour eux, ni pour qui que ce soit? Qui est celuy qui se risqueroit sur la mer? Qui est celuy qui fabriqueroit des armes pour d'autres que pour soi? Croy-moy, nous ferions perdus sans ressource, ce seroit un Cahos en Europe, une confusion, la plus épouvantable qui se puisse imaginer.

ADARIO.

Vraîment tu me fais là de beaux contes, quand tu parles des gentishommes, des Marchans & des Prêtres! Est-ce qu'on en verroit s'il n'y avoit ni *Tien* ni *Mien*? Vous seriez tous égaux, comme les Hurons le sont entr'eux.

tr'eux. Ce ne feroit que les trente premiéres années aprés le baniffement de l'intérêt qu'on verroit une étrange défolation ; car ceux qui ne font propres qu'à boire, manger, dormir, & fe divertir, mourroient en langueur; mais leurs décendans vivroient comme nous. Nous avons affez parlé des qualitez qui doivent compofer l'homme intérieurement, comme font la fageffe, la raifon, l'équité &c. qui fe trouvent chez les Hurons. Je t'ai fait voir que l'interêt les détruit toutes, chez vous; que cet obftacle ne permet pas à celuy qui conoît cet intérêt d'être homme raifonable. Mais voyons ce que l'homme doit être extérieurement ; Premiérement, il doit fçavoir marcher, chaffer, pêcher, tirer un coup de fléche ou de fufil, fçavoir conduire un Canot, fçavoir faire la guerre, conoître les bois, être infatiguable, vivre de peu dans l'ocafion, conftruire des Cabanes & des Canots, faire, en un mot, tout ce qu'un Huron fait. Voilà ce que j'apelle un homme. Car Di-moy, je te prie, Combien de millions de gens y-a-t il en Europe, qui, s'ils étoient trente lieües dans des Forêts, avec un fufil ou des fléches, ne pourroient ni chaffer de quoi fe nourrir, ni même trouver le chemin d'en fortir. Tu vois que nous traverfons cent lieües de bois fans nous égarer, que nous tuons les oifeaux & les animaux à coups de fléches, que nous prenons du poiffon par tout où il s'en trouve, que nous fuivons les hommes & les bêtes fauves à la pifte, dans les prairies & dans les bois, l'été comme l'hiver, que nous vivons de racines, quand nous sommes aux portes des Iroquois, que nous sçavons manier la hache & le coûteau, pour faire mille ouvrages nous-mêmes. Càr, si nous faisons toutes ces choses, pourquoy ne les feriés vous pas comme nous ? N'étes vous pas aussi grands, aussi forts, & aussi robustes ? Vos Artisans ne travaillent-ils pas à des ouvrages incomparablement plus dificiles & plus rudes que les nôtres ? Vous vivriés tous de cette maniére là, vous feriés aussi grands maîtres les uns que les autres. Vôtre richesse seroit, comme la nôtre, d'aquérir de la gloire dans le mêtier de la guerre, plus on prendroit d'esclaves, moins on travailleroit; en un mot, vous seriez aussi heureux que nous.

L A H O N T A N.
Appelles-tu vivre heureux, d'estre obligé de gîter sous une miserable Cabane d'écorce, de dormir sur quatre mauvaises couvertures de Castor, de ne manger que du rôti & du boüilli, d'être vêtu de peaux, d'aller à la chasse des Castors, dans la plus rude saison de l'année ; de faire trois cens lieües à pied dans des bois épais, abatus & inaccessibles, pour chercher les Iroquois ; aller dans de petits canots se risquer à périr chaque jour dans vos grands Lacs, quand vous voyagez. Coucher sur la dure à la belle étoile, lorsque vous aprochés des Villages de vos ennemis : être contrains le plus souvent de courir sans boire ni manger, nuit & jour, à toute jambe, l'un deçà, l'autre de là, quand ils vous poursuivent, d'estre réduits à la derniere des miséres, si par amitié & par commisération les Coureurs

reurs de Bois n'avoient la charité de vous porter des fufils, de la poudre, du plomb, du fil à faire des filets, des haches, des couteaux des aiguilles, des Alefnes, des ameçons, des chaudiéres, & plufieurs autres marchandifes.

ADARIO.

Tout beau, n'allons pas fi vîte, le jour eft long, nous pouvons parler à loifir, l'un aprés l'autre. Tu trouves, à ce que je vois, toutes ces chofes bien dures. Il eft vray qu'elles le feroient extrémement pour ces François, qui ne vivent, comme les bêtes, que pour boire & manger ; & qui n'ont efté élevés que dans la moleffe: mais di-moy, je t'en conjure, quelle diférence il y a de coucher fous une bonne Cabane, ou fous un Palais; de dormir fur des peaux de Caftors, ou fur des matelats entre deux draps ; de manger du rofti & du boüilli ; où de fales pâtez, & ragoûts, aprêtez par des Marmitons craffeux? En fommes nous plus malades, ou plus incommodez que les François qui ont ces Palais, ces lits, & ces Cuifiniers ? Hé ! combien y en a-t-il parmi vous, qui couchent fur la paille, fous des toits ou des greniers que la pluye traverfe de toutes parts, & qui ont de la peine à trouver du pain & de l'eau? J'ay efté en France, j'en parle pour l'avoir veu. Tu critiques nos habits de peaux, fans raifon, car ils font plus chauds & réfiftent mieux à la pluye que vos draps ; outre qu'ils ne font pas fi ridiculement faits que les vôtres, auxquels on employe foit au poches, ou aux coftez, autant d'étoffe qu'au corps de

l'habit. Revenons à la chasse du Castor durvant l'hiver, que tu regardes comme une chose afreuse, pendant que nous y trouvons toute sorte de plaisir & les commoditez d'avoir toutes sortes de marchandises pour leurs peaux. Déja nos esclaves ont la plus grande peines (si tant est qu'il y en ait) tu sçais que la chasse est le plus agréable divertissement que nous ayons : celle de ces Animaux estant tout à fait plaisante, nous l'estimons aussi plus que toute autre. Nous faisons, dis-tu, une guerre pénible ; j'avoüe que les François y périroient, parce qu'ils ne sont pas accoutumez de faire de si grands voyages à pied ; mais ces courses ne nous fatiguent nullement ; il seroit à souhaiter pour le bien de Canada que vous eussiez nos talens. Les Iroquois ne vous égorgeroient pas, comme ils font tous les jours, au milieu de vos Habitations. Tu trouves aussique le risque de nos petits Canots dans nos Voyages est une suite de nos miséres ; il est vray que nous ne pouvons pas quelquefois nous dispenser d'aller en Canot. Puisque nous n'avons pas l'industrie de bâtir des Vaisseaux ; mais ces grands Vaisseaux que vous faites ne périssent pas moins que nos Canots ; tu nous reproches encore que nous couchons sur la dure à la belle étoile, quand nous sommes au pied des Villages des Iroquois ; j'en conviens ; mais aussi je sçay bien que les soldats en France ne sont pas si commodément que les tiens sont ici, & qu'ils sont bien contrains de se gîter dans les Marais & dans les fossez à la pluye & au vent. Nous-nous enfuyons,
ajou-

ajoûte-tu, à toute jambe ; il n'y a rien de si naturel, quand le nombre des ennemis est triple, que de s'enfuir ; à la vérité la fatigue de courir nuit & jour, sans manger, est terrible, mais il vaut bien mieux prendre ce parti que d'estre esclave. Je croy que ces extrémitez seroient horribles pour des Européans, mais elles ne sont quasi rien à nostre égard. Tu finis en concluant que les François nous tirent de la misére, par la pitié qu'ils ont de nous. Et comment faisoient nos Péres, il y a cent ans, en vivoient-ils moins sans leurs marchandises ; au lieu de fusils, de poudre, & de plomb, ils se servoient de l'arc & des fléches, comme nous faisons encore. Ils faisoient des rets avec du fil d'écorce d'arbre ; il se servoient des haches de pierre ; ils faisoient des coûteaux, des aiguilles, des Alesnes &c. avec des os de cerf ou d'élan ; au lieu de chaudiére on prenoit des pots de terre. Si nos Péres se sont passez de toutes ces marchandises, tant de siécles, je croy que nous pourrions bien nous en passer plus facilement, que les François ne se passeroient de nos Castors, en échange desquels, par bonne amitié, ils nous donnent des fusils qui estropient, en crevant, plusieurs Guerriers, des haches qui cassent en taillant un arbrisseau, des coûteaux qui s'émoussent en coupant une citroüille, du fil moitié pourri, & de si méchante qualité, que nos filets sont plûtôt usez qu'achevez ; des chaudiéres si minces que la seule pesanteur de l'eau en fait sauter le fond, Voilà, mon Frére, ce que j'ay à te répondre sur les miséres des Hurons.

Hé bien, tu veux donc que je croye les Hurons insensibles à leurs peines & à leurs travaux, & qu'ayant esté élevez dans la pauvreté & les souffrances, ils les envisagent d'un autre œil que nous ; cela est bon pour ceux qui n'ont jamais sorti de leur païs, qui ne connoissent point de meilleure vie que la leur, & qui n'ayant jamais été dans nos Villes, s'imaginent que nous vivons comme eux : mais pour toy, qui as été en France, à Quebec, & dans la Nouvelle Angleterre, il me semble que ton goût & ton discernement sont bien sauvages, de ne pas trouver l'estat des Européans préférable à celuy des Hurons. Y a-t-il de vie plus agréable & plus délicieuse au Monde, que celle d'un nombre infini de gens riches à qui rien ne manque ? Ils ont de beaux Carosses, de belles Maisons ornées de tapisseries & de tableaux magnifiques ; de beaux Jardins où se cueuillent toutes sortes de fruits, des Parcs où se trouvent toutes sortes d'animaux ; des Chevaux & des Chiens pour chasser, de l'argent pour faire grosse chére, pour aller aux Comédies & aux jeux, pour marier richement leurs enfans, ces gens sont adorés de leurs dépendans. N'as-tu pas vû nos Princes, nos Ducs, nos Maréchaux de France, nos Prélats & un million de gens de toutes sortes d'états qui vivent comme des Rois ; à qui rien ne manque, & qui ne se souviénent d'avoir vêcu que quand il faut mourir?

ADARIO.
Si je n'estois pas si informé que je le suis
de tout

de tout ce qui fe paffe en France, & que mon voyage de Paris ne m'eût pas donné tant de conoiffances & de lumiéres, je pourrois me laiffer aveugler par ces apparences exterieures de félicité, que tu me repréfentes; mais ce Prince, ce Duc, ce Maréchal, & ce Prélat, qui font les premiers que tu me cites, ne font rien moins qu'heureux, à l'égard de Hurons; qui ne conoiffent d'autre félicité que la tranquillité d'ame, & la liberté. Or ces grands feigneurs fe haïffent intérieurement les uns les autres, ils perdent le fommeil, le boire & le manger pour faire leur cour au Roy, pour faire des piéces à leurs ennemis; ils fe font des violences fi fort contre nature, pour feindre, déguifer, & foufrir, que la douleur que l'ame en reffent furpaffe l'imagination. N'eft-ce rien, à ton avis, mon cher Frére, que d'avoir cinquante ferpens dans le cœur? Ne vaudroit-il pas mieux jetter Caroffes, dorures, Palais, dans la riviére, que d'endurer toute fa vie tant de martires? Sur ce pied là j'aimerois mieux fi j'étois à leur place, eftre Huron, avoir le Corps nû, & l'ame tranquille. Le corps eft le logement de l'ame, qu'importe que ce Corps foit doré, étendu dans un Carroffe, affis à une table, fi cette ame le tourmente, l'afflige & le défole? Ces grand feigneurs, dis-je, font expofez à la difgrace du Roy, à la médifance de mille fortes de Perfonnes; à la perte de leurs Charges; au mépris des leurs femblables; en un mot leur vie molle eft traverfée par l'ambition, l'orgueuil, la préfomption & l'envie. Ils font efclaves de leurs paffions, & de leur Roy, qui eft l'unique François heureux,

reux, par raport à cette adorable liberté dont il joüit tout feul. Tu vois-que nous fommes un millier d'hommes dans nôtre Village, que nous-nous aimons comme fréres; que ce qui eſt à l'un eſt au fervice de l'autre ; que les Chefs de guerre, de Nation & de Confeil, n'ont pas plus de pouvoir que les autres Hurons ; qu'on n'a jamais veu de quérelles ni de médifances parmi nous ; qu'enfin chacun eſt maître de foy-même, & fait tout ce qu'il veut, fans rendre conte à perfonne, & fans qu'on y trouve à redire. Voilà, mon Frére, la diférence qu'il y a de nous à ces Princes, à ces Ducs, &c. laiſſant à part tous ceux qui eſtant au deſſous d'eux doivent, par conſequent, avoir plus de peines, de chagrin. & d'embarras.

LAHONTAN.

Il faut que tu croye, mon cher Ami, que comme les Hurons font élevez dans la fatigue & dans la miſére, ces grands Seigneurs. le font de même dans le trouble, dans l'ambition, & ils ne vivroient pas fans cela ; & comme le bonheur ne confiſte que dans l'imagination, ils fe nourriſſent de vanité. Chaqu'un d'eux s'eſtime dans le cœur autant que le Roy. La tranquillité d'ame des Hurons n'a jamais voulu paſſer en France ; de peur qu'on ne l'enfermât aux petites Maiſons. Etre tranquille en France c'eſt être fou, c'eſt être infenfible, indolent. Il faut toûjours avoir quelque choſe à fouhaiter pour être heureux ; un homme qui fçauroit fe borner feroit Huron. Or perfonne ne le veut être;

être; la vie seroit ennuyeuse si l'esprit ne nous portoit à desirer à tout moment quelque chose de plus que ce que nous posfédons : & c'est ce qui fait le bonheur de la vie, pourvû que ce soit par des voïes légitimes.

ADARIO.
Quoy ! n'est ce pas plûtôt mourir en vivant, que de tourmenter son esprit à toute heure, pour aquérir des Biens, ou des Honneurs, qui nous dégoûtent dez que nous en joüissons? d'afoiblir son corps & d'exposer sa vie pour former des entreprises qui échouent le plus souvent? Et puis tu me viendras dire que ces grands Seigneurs sont élevez dans l'ambition, & dans le trouble, comme nous dans le travail & la fatigue. Belle comparaison pour un homme qui sçait lire & écrire ! Dis-moy, je te prie, ne faut-il pas, pour se bien porter, que le corps travaille & que l'esprit se repose ? Au contraire, pour détruire sa santé, que le corps se repose, & que l'esprit agisse? Qu'avons-nous au monde de plus cher que la vie? Pourquoy n'en pas profiter? Les François détruisent leur santé par mille causes diférentes ; & nous conservons la nôtre jusqu'à ce que nos corps soient usez ; parce que nos ames exemptes de passions ne peuvent altérer ni troubler nos corps. Mais enfin les François hâtent le moment de leur mort par des voïes légitimes ; voilà ta conclusion ; elle est belle, asseurément, & digne de remarque ! Croi-moy, mon cher Frére, songe à te faire Huron pour vivre long-temps. Tu boiras, tu mangeras, tu dormiras, &

tu

tu chasseras en repos ; tu seras delivré des passions qui tiranisent les François ; tu n'auras que faire d'or, ni d'argent, pour être heureux ; tu ne craindras ni voleurs, ni assassins, ni faux témoins ; & si tu veux devenir le Roi de tout le monde, tu n'auras qu'à t'imaginer de l'estre, & tu le seras.

LAHONTAN.

Ecoute, il faudroit pour cela que j'eusse commis en France de si grands crimes qu'il ne me fût permis d'y revenir que pour y être brûlé ; car, aprés tout, je ne vois point de métamorphose plus extravagante à un François que celle de Huron. Est-ce que je pourrois résister aux fatigues dont nous avons parlé ? Aurois-je la patience d'entendre les sots raisonnemens de vos Vieillards & de vos jeunes gens, comme vous faites, sans les contredire ? Pourrois-je vivre de boüillons, de pain, de bled d'Inde, de rôti & boüilli, sans poivre ni sel ? Pourrois-je me colorer le visage de vint sortes de couleurs, comme un fou ? Ne boire que de l'eau d'érable ? Aller tout nû durant l'été, me servir de vaisselle de bois ? M'acomoderois-je de vos repas continuels, où trois ou quatre cens personnes se trouvent pour y danser deux heures devant & aprés ? Vivrois-je avec des gens sans civilité, qui, pour tout compliment, ne sçavent qu'un *je t'honore*. Non, mon cher *Adario*, il est impossible qu'un François puisse être Huron ; au lieu que le Huron se peut faire aisément François.

A.

ADARIO.

A ce conte-là tu préféres l'esclavage à la liberté ; je n'en suis pas surpris, aprés toutes les choses que tu m'as soûtenues. Mais, si par hasard, tu rentrois en toy même, & que tu ne fusse pas si prévenu en faveur des mœurs & des maniéres des François, je ne voi pas que les dificultez dont tu viens de faire mention, fussent capables de t'empêcher de vivre comme nous. Quelle peine trouves-tu d'aprouver les contes des vieilles gens, comme des jeunes ? N'as-tu pas la même contrainte quand les Jésuïtes & les gens qui sont au dessus de toy, disent des Extravagances ? Pourquoy ne vivrois-tu pas de boüillons de toutes sortes de bonnes viandes ? Les perdrix, poulets d'Inde, liévres, canards, Cheureuils ne sont-ils pas bons rôtis & boüillis ? A quoy sert le poivre, le sel & mille autres épiceries, si ce n'est à ruïner la santé ? Au bout de quinze jours tu ne songerois plus à ces drogues. Quel mal te feroient les couleurs sur le visage ? Tu te mets bien de la poudre & de l'essence aux cheveux, & même sur les habits ? N'ay-je pas veu des François qui portent des moustaches, comme les Chats, toutes couvertes de Cire ? Pour la boisson d'eau d'érable elle est douce, salutaire, de bon gôut & fortifie la poitrine : je t'en ay veu boire plus de quatre fois. Au lieu que le vin & l'eau de vie détruisent la chaleur naturelle, afoiblissent l'estomac, brûlent le sang, enyvrent, & causent mille désordres. Quelle peine aurois-tu d'aller nû pendant qu'il

fait

fait chaud? Au moins tu vois que nous ne le sommes pas tant que nous n'ayons le devant & le derriére couverts. Il vaut bien mieux aller nû que de suer contrinuellement sous le fardeau de tant de vêtemens, les uns sur les autres. Quel embarras trouves-tu encore de manger, chanter & danser en bonne Compagnie? Cela ne vaut-il pas mieux que d'être seul à Table, ou avec des gens qu'on n'a jamais ni veus ni connus? Il ne resteroit plus donc qu'à vivre sans complimens, avec des gens incivils. C'est une peine qui te paroît assez grande, qui cependant ne l'est point. Dis moy, la Civilité ne se réduit-elle pas à la bienséance & à l'affabilité? Qu'est ce que bienséance? N'est-ce pas une gêne perpétuelle, & une affectation fatiguante dans ses paroles, dans ses habits, & dans sa contenance? Pourquoy donc aimer ce qui embarasse? Qu'est-ce que l'affabilité? N'est ce pas assûrer les gens de nôtre bonne volonté à leur rendre service, par des caresses & d'autres signes extérieurs? Comme quand vous dites à tout moment, *Monsieur, je suis vôtre serviteur, vous pouvés disposer de moy*. A quoi toutes ces paroles aboutissent-elles? Pourquoy mentir à tout propos, & dire le contraire de ce qu'on pense? Ne te semble-t'il pas mieux de parler comme ceci. *Te voilà donc, sois le bien venu, car je t'honore*, N'est-ce pas une grimace éfroyable, que de plier dix fois son corps, baisser la main jusqu'à terre, de dire à tous momens, *je vous demande pardon*, à vos Princes, à vos Ducs, & autres dont nous venons de parler? Sçache, mon Frére, que

ces

ces seules soûmissions me dégoûteroient entierement de vivre à l'Européane, & puis tu me viendras dire, qu'un Huron, se feroit aisément François! il trouveroit bien d'autres dificultez que celles que tu viens de dire. Car supposons que dez demain je me fisse François, il faudroit commencer pas être Chreftien, c'est un point dont nous parlâmes assez il y a trois jours. Il faudroit me faire faire la barbe tous les trois jours, car apparamment dez que je serois François, je deviendrois velu & barbu comme une bête; cette seule incommodité me paroît rude. N'est-il pas plus avantageux de n'avoir jamais de barbe, ni de poil au corps? As-tu vû jamais de Sauvage qui en ait eû? pourrois-je m'acoutumer à passer deux heures à m'habiller, à m'accommoder, à métre un habit bleu, des bas rouges, un chapeau noir, un blumet blanc, & des rubans verts? Je me regarderois moy-même comme un fou. Et comment pourrois-je chanter dans les rues, danser devant les miroirs, jetter ma perruque tantôt devant, tantôt derriére? Et comment me réduirois-je à faire des révérences & des prosternations à de superbes, fous; en qui je ne connoîtrois d'autre mérite que celui de leur naissance & de leur fortune? Comment verrois-je languir les Nécessiteux, sans leur donner tout ce qui seroit à moy? Comment porterois je l'épée sans exterminer un tas de scélerats qui jettent aux Galéres mille pauvres étrangers, les Algérens, Salteins Tripolins, Turcs qu'on prend sur leurs Côtes, & qu'on vient vendre à Marseille pour les Galéres, qui n'ayant jamais fait de
mal

mal à personne sont enlevez impitoyablement de leur Païs natal, pour maudire, mille fois le jour, dans les chaines, pére & mére, vie, naiſſance, l'Univers & le grand Eſprit. Ainſi languiſſent les Iroquois qu'on y envoya il y a deux ans. Me ſeroit-il poſſible de faire ni dire du mal de mes Amis, de careſſer mes ennemis, de m'enyvrer par compagnie, de mépriſer & bafouer les malheureux, d'honorer les méchans & de traiter avec eux; de me réjoüir du mal d'autruy, de loüer un homme de ſa méchanceté; d'imiter les envieux, les traîtres, les flateurs, les inconſtans, les menteurs, les orgueilleux, les Avares, les intéreſſez, les raporteurs & les gens à double intention? Aurois-je l'indiſcretion de me vanter de ce que j'aurois fait, & de ce que je n'aurois pas fait? Aurois-je la baſſeſſe de ramper comme une couleuvre aux pieds d'un Seigneur, qui ſe fait nier par ſes Valets? Et comment pourrois je ne me pas rebuter de ſes refus? Non, Mon cher Frére, je ne ſçaurois être François; j'aime bien mieux être ce que je ſuis, que de paſſer ma vie dans ces Chaines. Eſt-il poſſible que nôtre liberté ne t'enchante pas! peut-on vivre d'une maniére plus aiſée que la nôtre? Quand tu viens pour me voir dans ma Cabane, ma femme & mes filles ne te laiſſent-elles pas ſeules avec moy, pour ne pas interrompre, nos converſations? De même, quand tu viens voir ma femme, ou me filles ne te laiſſe-t-on pas ſeul avec celle des deux que tu viens viſiter? N'es tu pas le maître en quelque Cabane du Village où tu puiſſes aller, de demander à manger de tout ce que tu ſçais y avoir de

meil-

meilleur ? Y a-t-il des Hurons qui aïent jamais refufé à quelque autre fa chaffe, ou fa pêche, ou toute ou en partie ? Ne cotizons nous pas entre toute la Nation les Caftors de nos Chaffes, pour fuppléer à ceux qui m'en ont pû prendre fuffifamment pour acheter les marchandifes dont ils ont befoin ? N'en ufons-nous pas de même de nos bleds d'Inde, envers ceux dont les champs n'ont fçeu raporter des moiffons fufifantes pour la nourriture de leurs familles ? Si quelqu'un d'entre nous veut faire un Canot, ou une nouvelle Cabane, chacun n'envoye til pas fes efclaves pour y travailler, fans en être prié ? Cette vie-là eft bien diférente de celle des Européans, qui feroient un procez pour un Bœuf ou pour un Cheval à leurs plus proches parens ? Si un Fils demande à fon Pére, ou le Pére à fon Fils, de l'argent, il dit qu'il n'en a point ; fi deux François qui fe conoiffent depuis vint ans, qui boivent & mangent tous les jours enfemble, s'en demandent auffi l'un à l'autre, ils difent qu'ils n'en ont point. Si de pauvres miferables, qui vont tous nuds, décharnez, dans les rues, mourans de faim & de mifére, mendient une obole à des Riches, ils leurs répondent qu'ils n'en ont point. Aprés cela, comment avez vous la préfomption de prétendre avoir un libre accez dans le Païs du grand Efprit ? Y a-t-il un feul homme au monde qui ne conoiffe, que le mal eft contre nature, & qu'il n'a pas été créé pour le faire ? Quelle efperance peut avoir un Chrétien à fa mort, qui n'a jamais fait de bien en fa vie ? Il faudroit qu'il crût que l'ame

meurt

meurt avec le corps. Mais je ne croy pas qu'il se trouve des gens de cette opinion. Or si elle est immortelle, comme vous le croyez, & que vous ne vous trompiez pas dans l'opinion que nous avons de l'enfer & des péchez qui conduisent ceux qui les commétent, en ce Païs-là, vos ames ne se chaufferont pas mal.

LAHONTAN.

Ecoute, Adario, je croy qu'il est inutile que nous raisonnions davantage; je vois que tes raisons n'ont rien de solide; je t'ay dit cent fois que l'exemple de quelques méchantes gens, ne concluoit rien ; tu t'imaignes qu'il n'y a point d'Européan qui n'ait quelque vice particulier caché ou connu ; j'aurois beau te prêcher le contraire d'icy à demain, ce seroit en vain : car tu ne mets aucune diférence de l'homme d'honneur au sçelerat. J'aurois beau te parler dix ans de suite, tu ne démordrois jamais de la mauvaise opinion que tu t'es formée, & des faux préjugez touchant nôtre Religion, nos Loix, & nos maniéres. Je voudrois qu'il m'eut coûté cent Castors que tu sçusse aussi bien lire & écrire qu'un François ; je suis persuadé que tu n'insisterois plus à mépriser si vilainement l'heureuse condition des Européans. Nous avons veu en France des *Chinois* & des *Siamois* qui sont des gens du bout du Monde, qui sont en toutes choses plus opposez à nos maniéres que les Hurons ; & qui cependant ne se pouvoient lasser d'y d'admirer nôtre maniére de vivre. Pour moy, je t'avoüe que je ne conçois rien à ton obstination.

ADA-

A D A R I O.

Tous ces gens-là ont l'esprit auffi mal tourné que le corps. J'ay veu certains Ambaffadeurs de ces Nations dont tu parles. Les Jéfuites de Paris me racontérent quelque hiftoire de leurs Pais. Ils ont le *tien* & le *mien* entr'eux, comme les François; ils connoiffent l'argent auffi bien que les François; & comme ils font plus brutaux, & plus intéreffez que les François, il ne faut pas trouver étrange qu'ils aïent approuvé les maniéres des gens qui les traitant avec toute forte d'amitié, leur faifoient encore des préfens à l'envi les uns des autres. Ce n'eft pas fur ces gens-là que les Hurons fe régleront. Tu ne dois pas t'ofencer de tout ce que je t'ay prouvé; je ne méprife point les Européans, en leur préfence; Je me contente de les plaindre. Tu as raifon de dire que je ne fais point de diférence, de ce que nous appellons homme d'honneur à un brigand. J'ay bien peu d'efprit, mais il y a affez de temps que je traite avec les François, pour fçavoir ce qu'ils entendent par ce mot d'homme d'honneur. Ce n'eft pas pour le moins un Huron; car un Huron ne connoît point l'argent, & fans argent on n'eft pas homme d'honneur parmi vous. Il ne me feroit pas dificile de faire un homme d'honneur de mon efclave; Je n'ay qu'à le mener à Paris, & luy fournir cent paquets de Caftors pour la dépenfe d'un Caroffe, & de dix ou douze Valets; il n'aura pas plûtôt un habit doré avec tout ce train, qu'un chacun le faluera, qu'on l'introduira dans les meilleures Tables, & dans les plus célébres Compagnies. Il n'aura qu'à donner des repas aux Gentishommes,

mes, des préſens aux Dames, il paſſera par tout pour un homme d'eſprit, de mérite, & de capacité; on dira que c'eſt le Roy des Hurons; on publiera par tout que ſon Païs eſt couvert de mines d'or, que c'eſt le plus puiſſant Prince de l'Amérique; qu'il eſt ſçavant; qu'il dit les plus agréables choſes du monde en Converſation; qu'il eſt redouté de tous ſes Voiſins; enfin ce ſera un homme d'honneur, tel que la plûpart des Laquais le deviennent en France; aprés qu'ils ont ſçeu trouver le moyen d'attraper aſſez de richeſſes pour paroître en ce pompeux équipage, par mille voyes infames & déteſtables. Ha! mon cher Frére, ſi je ſçavois lire, je découvrirois de belles choſes, que je ne ſçay pas, & tu n'en ſerois pas quitte pour les défauts que j'ay remarquez parmi les Européans; j'en aprendrois bien d'autres, en gros & en détail, alors je croy qu'il n'y a point d'état ou de vocation ſur leſquels je ne trouvaſſe bien à mordre. Je croi qu'il vaudroit bien mieux pour les François qu'ils ne ſçeuſſent ni lire ni écrire; je voy tous les jours mille diſputes ici entre les Coureurs de Bois pour les Ecrits, leſquels n'aportent que des chicanes & des procez. Il ne faut qu'un morceau de papier, pour ruiner une famille; avec une lettre la femme trahit ſon mari, & trouve le moyen de faire ce qu'elle veut; la mere vend ſa fille; les Fauſſaires trompent qui ils veulent. On écrit tous les jours dans des livres des menteries, & des impertinences horribles; & puis tu voudrois que je ſçeuſſe lire & écrire, comme les François?
Non

Non, mon Frére, j'aime mieux vivre sans le sçavoir, que de lire & d'écrire des choses que les Hurons ont en horreur. Nous avons assez de nos *Hiéroglifes* pour ce qui regarde la chasse & la guerre; tu sçais bien que les Caractéres que nous faisons autour d'un arbre pelé, en certains passages, comprénent tout le succez d'une Chasse, ou d'un parti de guerre; que tous ceux qui voyent ces marques les entendent. Que faut il davantage? La communauté de biens des Hurons n'a que faire d'écriture, il n'y a ni poste, ni chevaux dans nos Forêts pour envoyer des Courriers à Quebec; Nous faisons la paix & la guerre sans écrit, seulement par des Ambassadeurs qui portent la parole de la Nation. Nos limites sont réglez aussi sans écrits. A l'égard des Sçiences que vous conoissez, elles nous seroient inutiles; car pour la *Géografie*, nous ne voulons pas nous embarasser l'esprit en lisant des livres de Voyages qui se contredisent tous, & nous ne sommes pas gens à quitter nôtre Païs dont nous conoissons, comme tu sçais, jusqu'au moindre petit ruisseau, à quatre cens lieües à la ronde. *l'Astronomie*, ne nous est pas plus avantageuse, car nous contons les années par Lunes, & nous disons *j'ay tant d'hivers* pour dire tant d'années. La *Navigation* encore moins, car nous n'avons point de Vaisseaux. Les *Fortifications* non plus; un Fort de simples palissades nous garentit des fléches & des surprises de nos Ennemis, à qui l'artillerie est inconnue. En un mot, vivant comme nous vivons, l'écriture ne nous serviroit de rien. Ce que je trouve de beau,

D c'est

c'est *l'Aritmétique* ; il faut que je t'avoüe que cette sçience me plaît infiniment, quoique pourtant ceux qui la sçavent ne laissent pas de faire de grandes tromperies ; aussi je n'aime de toutes les Vocations des François, que le commerce, car je le regarde comme la plus légitime, & qui nous est la plus nécessaire. Les Marchands nous font plaisir ; quelques uns nous portent quelquefois de bonnes marchandises, il y en ta de bons & d'équitables, qui se contentent de faire un petit gain. Ils risquent beaucoup ; ils avancent, ils prêtent, Ils attendent ; enfin je connois bien des Négocians qui ont l'ame juste & raisonnable ; & à qui nôtre Nation est trés redevable ; d'autres pareillement qui n'ont pour but que de gagner excessivement sur des marchandises de belle apparence, & de peu de raport, comme sur les haches, les chaudiéres, la poudre, les fusils &c. que nous n'avons pas le talent de connoitre. Cela te fait voir qu'en tous les états des Européans, il y a quelque chose à redire ; il est trés-constant que si un Marchand n'a pas le cœur droit, & s'il n'a pas assez de vertu pour résister aux tentations diverses ausquelles le négoce l'expose, il viole à tout moment les Loix de la justice, de l'équité, de la charité, de la sincérité, & de la bonne foy. Ceux-là sont méchans, quand ils nous donnent de mauvaises marchandises, en échange de nos Castors, qui sont des peaux où les aveugles mêmes ne sçauroient se tromper en les maniant. C'est assez, mon cher Frére, je me retire au Village, où je t'attendray demain aprés midi.

Je

LAHONTAN.

Je viens, Adario, dans ta Cabane, pour y visiter ton grand-Pére qu'on m'a dit estre à l'extrémité. Il est à craindre que ce bon Vieillard ne soit long-temps incommodé de la douleur dont il se plaint. Il me semble qu'un homme comme luy de soixante & dix ans pourroit bien s'empêcher d'aller encore à la chasse des Tourterelles. J'ay remarqué, depuis long-temps que vos vieilles gens sont toûjours en mouvement, & en action; c'est le moyen d'épuiser bien viste le peu de forces qu'il leur reste; Ecoute, il faut envoyer un des Esclaves chez mon Chirurgien, qui entend assez bien la médecine, & je suis asseuré qu'il le soulagera dans le moment; sa fiévre est si peu de chose qu'il n'y a pas lieu d'apréhender pour sa vie, à moins qu'elle n'augmente.

ADARIO.

Tu sçais bien, mon cher Frére, que je suis l'ennemi capital de vos Médecins, depuis que j'ay veu mourir entre leurs mains dix ou douze personnes, par la tirannie de leurs remédes. Mon Grand-Pére que tu prens pour une homme de soixante & dix ans en a 98. il s'est marié à 30. ans. Mon Pére en a 52; & j'en ay 35; il est vray qu'il est d'un bon témpéramment & qu'on ne luy doneroit pas cet âge-là en Europe, où les gens finissent de meilleure heure. Je te feray voir quatorze ou quinze Vieillards, un de ces jours, qui passent cent années, tu qui en a cent vint & quatre, & il en est mort un autre, il y a six ans,

ans, qui en avoit prés de cent quarante, A l'égard de l'agitation que tu condamnes dans ces vieilles gens, je puis t'asseurer qu'au contraire s'ils demeuroient couchez sur leurs nattes, dans la Cabane, & qu'ils ne fissent que boire, manger & dormir, ils deviendroient lourds, pesans, & incapables d'agir; & ce repos continuel empêchant la transpiration insensible, les humeurs, qui pour lors cesseroient de transpirer, se remêleroient avec leur sang usé; de là surviendroit que par des effets naturels leurs jambes & leur reins s'afoibliroient & se décherroient à tel point qu'ils mourroient de phtisie. C'est ce que nous avons observé depuis long-temps, chez toutes les Nations de Canada. Les *Jongleurs* doivent venir tout à l'heure pour le *Jongler*, & sçavoir quelle viande ou poisson sa maladie requiert pour sa guerison. Voilà mes Esclaves prêts pour aller à la chasse, ou à la pêche. Si tu veux bien t'entretenir un couple d'heures avec moy, tu verras les singeries de ces Charlatans, que (quoique nous les connoissions pour tels lorsque nous sommes en santé) nous sommes ravis & consolés de les voir quand nous avons quelque maladie dangéreuse.

LAHONTAN.

C'est qu'alors, mon cher Adario, nostre esprit est aussi malade que nostre Corps; il en est de même de nos Médecins, tel les déteste, & les fuit, quand il se porte bien, qui, malgré la connoissance de leur Art incertain, ne laisse pas d'en convoquer une douzaine;

&

& d'autres, qui fans avoir d'autre mal que celuy qu'ils s'imaginent avoir, détruifent leurs corps par des remédes auxquels la force des chevaux fuccomberoit. J'avoüe que parmi vous autres on ne voit point de ces fortes de foux-là; mais, en recompenfe, vous ménagez bien peu vôtre fanté ; car vous courez à la chaffe depuis le matin jufqu'au foir tous nûs ; & vous danfez trois ou quatre heures de fuite jufqu'à la fueur ; & les jeux de la balle que vous difputés entre fix ou fept cens perfonnes, pour la pouffer une demi lieue de terrain decà ou delà, fatiguent extrémement vos corps ; ils en afoibliffent les parties ; ils diffipent les efprits ; ils aigriffent la maffe du fang & des humeurs, & troublent la liaifon de leurs principes. Ainfi, tel homme, parmi vous, qui auroit vêcu plus de cent ans, eft mort à quatre-vints.

ADARIO.

Quand même ce ce que tu dis feroit vrai, qu'importe-t'il à l'homme de vivre fi long-temps ? puifqu'au deffus de quatre-vints la vie eft une mort ? Tes raifons font, peut-être, juftes à l'égard des François qui généralement pareffeux déteftent tout exercice violent; ils font de la nature de nos vieillards, qui vivent dans une fi molle indolence, qu'ils ne fortent de leurs Cabanes que lorfque le feu s'y met. Nos tempéramens & nos Compléxions font auffi diférentes des vôtres que la nuit du jour. Et cette grande diférence que je remarque généralement en toutes chofes entre les Européans & les Peuples du nada, me perfuaderoit quafi que nous ne defcendons pas de vôtre Adam prétendu. Déjà parmi nous on ne voit quafi jamais ni boſſus, ni boîteux, ni nains, ni fourds, ni muets, ni aveugles de naiſſance, encore moins de Borgnes; & quand ces derniers viennent au monde c'eſt un préſage aſſeuré de malheur à la Nation; comme nous l'avons fouvent obſervé. Tout borgne n'eût jamais d'eſprit, ni de droiture de cœur. Au reſte, malicieux paillard, & pareſſeux au dernier point; plus poltron que le liévre; n'allant jamais à la chaſſe, de crainte de crever ſon œuil unique à quelque branche d'arbre; A l'égard des maladies, nous ne voyons jamais d'ydropiques d'aſmatiques, de paralitiques, de gouteux, ni de veroles, nous n'avons ni l'épre, ni dartres, ni tumeurs, ni rétentions d'urines, ni pierres, ni gravelles, au grand étonnement des François, qui font ſi ſujets à ces maux-là. Les fiévres régnent parmi nous, ſur tout au retour de quelque voyage de guerre, pour avoir couché au ſerain, traverſé des marais & des riviéres à guay, jeûné deux, ou trois jours, mangé froid &c. Quelquefois les pleuréſies nous font mourir, parcequ'étant échaufez à courir à la guerre, ou à la chaſſe, nous beuvons des eaux dont nous ne connoiſſons point la qualité; les coliques nous attaquent auſſi de temps en temps, par la méme cauſe. Nous ſommes ſujets à la rougeole & à la petite vérole, ſoit parce que nous mangeons tant de poiſſon, que le ſang qu'il produit diférent de celuy des viandes, boult dans ſes vaiſſeaux avec plus d'activité,

&

& se déféquant de ses parties épaisses & grossiéres, il les pousse vers les pores insensibles de la peau ; ou parce que le mauvais air, qui est renfermé dans nos Villages, n'ayant point de fenêtres à nos Cabanes, il se fait tant de feux & de fumée, que le peu de proportion que les parties de cet air renfermé ont avec celles du sang & des humeurs, nous causent ces infirmitez. Voilà les seules que nous connoissions.

L A H O N T A N.
Voilà, mon cher Adario, la premiére fois que tu as raisonné juste, depuis le temps que nous-nous entretenons ensemble. Je conviens que vous étes exempts d'une infinité de maux dont nous sommes accablez ; c'est par la raison que tu me dis l'autre jour, que pour se bien porter, il faut que l'esprit se repose. Les Hurons étant bornez à la simple connoissance de la chasse, ne fatiguent pas leur esprit & leur santé à la recherche de mille belles Sçiences, par les veilles, par la perte du sommeil, par les sueurs. Un homme de guerre s'attache à lire & à aprendre l'histoire des guerres du monde, l'art de fortifier, d'attaquer, & défendre des Places; il y employe tout son temps, encore n'en trouve-t-il pas de reste, durant sa vie, pour se rendre tel qu'il doit être ; l'homme d'Eglise s'employe nuit & jour à l'étude de la Théologie, pour le bien de la Réligion ; il écrit des livres qui instruisent le peuple des affaires du salut, & donnant les heures, les jours, les mois & les années de sa vie à Dieu,

il en reçoit des éternitez de recompense après sa mort. Les Juges s'apliquent à connoître les Loix ; ils passent les jours & les nuits à l'examen des procez, ils donnent des audiences continuelles à mille Plaideurs, qui les accablent incessamment, & à peine ont ils le loisir de boire & de manger. Les Médecins étudient la sçience de rendre les hommes immortels ; ils vont & viennent de malade en malade, d'Hôpital en Hôpital, pour examiner la nature & la cause des diférentes maladies ; ils s'atachent à connoître la qualité des drogues, des herbes, des simples, par milles expériences rares & curieuses. Les Cosmografes & les Astronomes se donnent entièrement au soin de découvrir la figure, la grandeur, la composition du Ciel & de la Terre ; les uns connoissent jusqu'à la moindre étoile du Firmament, leurs cours, leur éloignement, leur ascensions & leurs déclinaisons ; les autres sçavent faire la diférence des Climats, & de la position du Globe de la Terre ; ils connoissent les mers, les lacs, les rivieres, les Iles, les Golfes, les distances d'un Païs à l'autre, toutes les Nations du monde leur sont connues, aussi bien que leurs réligions, leurs loix, leurs langues, leurs meurs, & leur gouvernement. Enfin, tous les autres Scavans qui s'attachent avec trop d'aplication à la connoissance des Sciences, qu'ils recherchent, rüinent entièrement leur santé. Car il ne se fait au cerveau d'esprits animaux qu'autant que le cœur luy fournit de matiére, par cette subtile portion de fang qui luy eſt portée par les artéres; & le cœur, qui eſt un muſcle, ne peut lancer le le fang à tout le corps que par le moyen des eſprits animaux ; or quand l'ame eſt tranquille (telle qu'eſt la tienne) il en communique à toutes les parties, autant qu'elles en ont beſoin pour faire les actions auxquelles la Nature les a deſtinées ; au lieu que dans la profonde aplication des Sçiences, étant agitée d'une foule de penſées, elle diſſipe beaucoup de ces eſprits, & dans les longues veilles & dans la gêne de l'imagination ; Ainſi tout ce que le cerveau en peut former ſuffit à peine aux parties qui ſervent aux deſſeins de l'ame pour faire les mouvemens précipitez qu'elle leur demande ; & ne coulant que fort peu de ces eſprits dans les nerfs qui les portent aux parties qui ſervent à nous faire digérer ce que nous mangeons, leurs fibres ne peuvent être mûs que trés-foiblement ; ce qui eſt cauſe que les actions ſe font mal, que la coction eſt imparfaite, que les ſéroſitez ſe ſéparant du ſang, & s'épanchant ſur la teſte, ſur le corps, ſur les nerfs, ſur la poitrine, & ailleurs, cauſent la goute, l'hidropiſie, la paraliſie, & les autres maladies que tu viens de nommer.

ADARIO.

A ce conte-là, mon cher Frére, il n'y auroit que les ſçavans qui en ſeroient attaquez.

quez. Sur ce pied-là tu conviendras qu'il vaudroit mieux estre Huron, puisque la santé est le plus précieux de tous les biens. Je sçay pourtant que ces maladies n'épargnent personne, & qu'elles se jettent auſſi bien sur les Ignorans, que sur les autres. Ce n'est pas que je nie ce que tu dis ; car je voy bien que les travaux de l'esprit affoibliſſent extrémement le Corps, & même je m'étonne, cent fois le jour, que vôtre compléxion soit aſſez forte, pour résister aux violentes secouſſes que le Chagrin vous donne, lorsque vos affaires ne vont pas bien. J'ay veu des François qui s'arrachoient les cheveux, d'autres qui pleuroient & crioient comme des femmes qu'on brûleroit ; d'autres qui ont paſſé deux jours sans boire ni manger, dans une si grande colére qu'ils rompoient tout ce qu'ils trouvoient sous la main. Cependant la santé de ces gens-là n'en paroiſſoit pas altérée. Il faut qu'ils soient d'une autre nature que nous ; car il n'y a pas de Huron qui ne crevât le lendemain, s'il avoit la centiéme partie de ces transports ; oüy vraîment il faut que vous soyez d'une autre nature que nous ; car vos vins, vos eaux de vie, & vos épiceries nous rendent malades à mourir : au lieu que sans ces drogues vous ne sçauriez presque pas vivre en santé. D'ailleurs, vôtre sang est salé, & le nostre ne l'est pas. Vous étes barbus, & nous ne le sommes pas. Voicy ce que j'ay encore observé, C'est que jusqu'à l'âge de trente cinq ou quarante ans, vous étes plus forts & plus robustes que nous. Car nous

nous ne sçaurions porter des fardeaux si pesans que vous faites, jusqu'à cet âge-là; mais ensuite les forces diminuent chez vous, en declinant à vûe d'œuil; au lieu que les nôtres se conservent jusqu'à cinquante cinq ou soixante ans. C'est une vérité dont nos Filles peuvent rendre un fidéle témoignage. Elles disent que si un jeune François les embrasse six fois la nuit, un jeune Huron n'en fait que la moitié; mais aussi elles avoüent que les François sont plus vieux en ce commerce à l'age de trente cinq ans, que nos Hurons à l'âge de cinquante. Cet aveu de nos belles Filles (à qui l'excez de vos jeunes gens plaît beaucoup plus que la moderation des nôtres) m'a conduit à cette réfléxion; qui est que cette goute, cette hidropisie, phtisie, paralisie, pierre, gravele & ces autres maladies, dont nous avons parlé, proviennent, sans doute, non seulement de ces plaisirs immodérez, mais encore du temps & de la maniére dont vous les prenez. Car au sortir du repas, & à l'issue d'une corvée de fatigue, vous embrassez vos femmes, autant que vous pouvés, sur des chaises, ou debout, sans considérer le dommage qui en résulte : témoins ces jeunes gaillards, qui font servir leur table de Lit, au Village de *Dossenra*. Vous estes encore sujets à deux maladies que nous ne connoissons pas ; l'une que les Ilinois appellent *Mal chaud*, dont ils sont attaqués, aussi bien que les Peuples du *Mississipi*, laquelle maladie passe chez vous pour le mal des femmes ; & l'autre que vous appellez

D 6 Scor-

Scorbut & que nous appellons *le mal froid*, par les simptomes & les causes de ces maladies, que nous avons observées depuis que les François sont en Canada. Voilà bien des maladies qui régnent parmi vous autres, & dont vous avez bien de la peine à guerir. Vos Médecins vous tuent, au lieu de vous redonner la santé; parce qu'ils vous donnent des remédes qui, pour leur intérest, entretiénent long-temps vos maladies, & vous tuent à la fin. Un Médecin seroit toûjours gueux s'il guérissoit ses malades en peu de temps. Ces gens-là n'ont garde d'aprouver nostre maniere de suer, ils en connoissent trop bien la conséquence; & quand on leur en parle, voicy ce qu'ils disent. *Il n'y a que de oux capables d'imiter les foux; les Sauvages ne sont pas; appellez Sauvages pour rien; leurs remédes ne sont pas moins sauvages qu'eux: s'il est vray qu'ils suent, & se jettent ensuite dans l'eau froide ou dans la neige, sans crever sur le champ, c'est à cause de l'air, du climat, & des alimens de ces Peuples, qui sont diférens des nôtres: mais cela n'empêche pas que tel Sauvage est mort à 80. ans qui en auroit vêcu 100. s'il n'avoit pas usé de ce reméde épouvantable.* Voilà ce que disent vos Médecins, pour empêcher que vos Peuples d'Europe se trouvent en état de se passer de leurs remédes. Or, il est constant que si de temps en temps vous vouliez suer de cette maniére, vous-vous porteriez le mieux du monde, & tout ce que le vin, les épiceries, les excez de femmes, de veilles, & de fatigues

gues pourroient engendrer de mauvaises humeurs dans le sang, sortiroient par les pores de la chair. Alors, adieu la médecine & tous ses poisons. Or, ce que je te dis, mon cher Frére, est plus clair que le jour ; ce raisonement n'est pas pour les ignorans. Car ils ne parleroient que de pleuréfies & de rhumatismes à l'issue de ce reméde. C'est une chose étrange qu'on ne veüille pas écouter la réponse que nous faisons à l'objection que vos Médecins nous font sur cette maniére de suer. Il est constant, mon cher Frére, que la Nature est une bonne Mére, qui voudroit que nous véçussions éternellement. Cependant nous la tourmentons si violemment qu'elle se trouve quelquefois tellement afoiblie, qu'à peine a-t-elle la force de nous secourir. Nos débauches & nos fatigues engendrent de mauvaises humeurs, qu'elle voudroit pouvoir chasser de nos corps, s'il luy restoit assez de vigueur pour en ouvrir les portes, qui sont les pores de la chair. Il est vray qu'elle en chasse autant qu'elle peut par les urines, par les selles, par la bouche, par le nez, & par la transpiration insensible ; mais la quantité des sérositez est quelquefois si grande : qu'elles se répandent sur toutes les parties du corps, entre cuir & chair. Alors il s'agit de les faire sortir au plus vîte, de peur que leur trop long séjour ne cause cette goûte, rumatisme, hydropisie, paralisie, & toutes les autres maladies qui peuvent altérer la santé de l'homme. Pour cet effet, il faut donc ouvrir ces pores pas le moyen de la sueur ; mais il faut ensuite les

fermer

fermer afin que le suc nourissier ne sorte pas en même temps par le même chemin ouvert. Ce qu'on ne sçauroit empêcher à moins qu'on ne se jette dans l'eau froide, comme nous faisons. Il en est de même que si des loups estoient entrez dans vos Bergeries ; alors vous ouvririez vîte les portes, afinque ces méchans animaux en sortissent ; mais ensuite vous ne manqueriez pas de les fermer, afin que vos Moutons ne les suivissent pas. Vos Médecins auroient raison de dire qu'un homme qui s'échauferoit à la chasse ou à quelque Exercice violent, & se jetteroit ensuite dans l'eau froide, se risqueroit extrémement à perdre la vie. C'est un fait incontestable, car le sang étant agité & boüillant, pour ainsi dire, dans les veines, il ne manqueroit pas de se congeler ; de la même maniére que l'eau boüillante se congéle plus facilement que l'eau froide, lorsqu'on l'expose à la gelée, ou qu'on la jette dans une fontaine bien froide. C'est tout ce que je puis penser sur cette affaire. Au reste, nous avons des maladies qui sont également ordinaires aux François. Ce sont la petite vérole, les fiévres, pleurésies & même nous voyons assez souvent parmi nous une espece de malades que vous appellés *hypocondriaques*. Ces fous s'imaginent qu'un petit *Manitou* gros comme le poing, & que nous appellons *Aoutaerohi*, en nôtre langue, les posséde, & qu'il est dans leurs corps, sur tout dans quelque membre qui leur fait tant soit peu de de mal. Ceci provient de la foiblesse d'esprit de ces gens-là, Car enfin, il y a des ignorans & des fous parmi nous,
comme

comme parmi vous autres. Nous voyons tous les jours des Hurons de cinquante ans, qui ont moins d'esprit & de discernement que des jeunes filles. Il y en a de superstitieux, comme parmi vous autres. Car ils croyent premiérment que l'esprit des songes est l'Ambassadeur & le Messager, dont le grand Esprit se sert pour avertir les hommes de ce qu'ils doivent faire. A l'égard de nos *Jongleurs*, ce sont, des Charlatans & des Imposteurs, comme vos Médecins; avec cette différence qu'ils se contentent de faire bonne chére aux dépens des malades, sans les envoyer dans l'autre monde, en reconnoissance de leurs festins & de leurs présens.

LAHONTAN.
Ha ! pour le coup, mon intime Adario, je t'honore au delà de tout ce que je pourrois t'exprimer ; Car tu raisonnes comme il faut. J'amais tu n'as mieux parlé. Tout ce que tu dis des sueurs est effectivement vray. Je le connois par expérience tellement bien, que de ma vie je n'useray d'autre reméde que de celuy-là. Mais je ne sçaurois souffrir pourtant que tu te récries si fort contre la saignée ; car il me souvient que tu me dis, il y a quinze jours, cent raisons sur la nécessité de conserver nôtre sang, puisqu'il est le trésor de la vie. Je ne te contredirai pas tout à fait sur cela, mais je te dirai pourtant que vos remédes contre les pleuresies & les fluxions ne réüssissent quelquefois que par hazard ; puisque de vint malades il en

eu meurt quinze ; au lieu que la faignée ne manque jamais alors de les guérir. J'avoüe qu'en les guériffant par cette voye-là, on abrége leurs jours ; & que tel homme qui a été plus ou moins faigné, auroit vêcu plus ou moins d'années qu'il n'a fait. Mais enfin, on ne confidérepas toutes ces chofes quand on eft malade, on ne fonge qu'à guérir, à quelque prix que ce foit, & chaqu'un recherche la fanté aux dépens de quelques années de vie de plus ou de moins, qu'on perd avec la perte de fon fang. Enfin, tout ce que je puis remarquer, c'eft que les Peuples de Canada font d'une meilleure compléxion que ceux de l'Europe, plus infatigables, & plus robuftes ; accoûtumez aux fatigues, aux veilles & aux jeûnes, & plus infenfibles au froid & à la chaleur. De forte qu'étant exempts des paffions qui tourmentent nos âmes, ils font en même-temps à couvert des infirmitez dont nous fommes accablez. Vous étes gueux & miferables, mais vous joüiffez d'une fanté parfaite ; au lieu qu'avec nos aifes & nos commoditez, il faut que nous foïons, ou par complaifance, ou par occafion, réduits à nous tuer nous-mêmes, par une infinité de débauches, auxquelles vous n'étes jamais expofez.

A D A R I O.

Mon Frére, je viens te vifiter avec ma fille, qui va fe marier, malgré moi, avec un jeune homme qui eft auffi bon guerrier, que mauvais Chaffeur. Elle le veut, cela fufft parmi nous : mais il n'en eft pas ainfi parmi vous. Car

Car il faut que les Péres & les Méres consentent au mariage de leurs enfans.

Or il faut que je veüille ce que ma fille veut aujourdhui. Car si je prétendois lui donner un autre Mari ; elle me diroit aussitôt : *Pére, à quoy penses tu ? suis-je ton Esclave ? ne dois-je pas joüir de ma Liberté ? Dois-je me marier pour toy ? Epouzeray-je un homme qui me déplait, pour te satisfaire ? Comment pourray-je soufrir un époux qui achete mon corps à mon Pére, & comment pourray-je estimer un Pére qui vend sa fille à un brutal ? Est-ce qu'il me sera possible d'aimer les enfans d'un homme que je n'aime pas ? Si je me marie avec luy, pour t'obeïr, & que je le quitte au bout de quinze jours, suivant le privilége & la liberté naturelles de la Nation, tu diras que CELA VA MAL; cela te déplaira; tout le monde, en rira, & peut-être, je seray grosse.* Voilà, mon cher Frére, ce que ma fille auroit sujet de me répondre ; & peut-être, encore pis, comme il arriva il y a quelquels années à un de nos Vieillards, qui prétendoit que sa Fille se mariât avec un homme qu'elle n'aimoit pas. Car elle luy dit, en ma présence, mille choses plus dures, en luy reprochant qu'un homme d'esprit ne devoit jamais s'exposer à donner des conseils aux personnes dont ils en pourroit recevoir, ni exiger de ses enfans des obéïssances qu'il connoît impossibles. Enfin, elle ajoûta à tout cela, qu'il étoit vrai qu'elle étoit sa fille, mais qu'il devoit se contenter d'avoir eû le plaisir de la faire, avec une femme qu'il aimoit autant que cette te fille haïssoit le Mari que son Pére prétendoit luy donner. Il faut que tu saches que nous ne faisons jamais de mariage entre parens, quelque éloigné que puisse être le degré de parentage. Que nos femmes ne se remarient plus dés qu'elles ont atteint l'âge de quarante ans, parceque les enfans qu'elles font au dessus de cet âge-là sont de mauvaise constitution. Cependant, ce n'est pas à dire qu'elles gardent la continence ; au contraire, elles sont beaucoup plus passionnées à cet âge qu'à vint ans ; ce qui fait qu'elles écoutent si favorablement les François, & que même elles se donnent le soin de les rechercher Tu sçais bien que nos femmes ne sont pas si fécondes que les Françoises, quoi-qu'elles se lassent moins qu'elles d'estre embrassées; cela me surprend, car il arrive en cela tout le contraire de ce qui devroit arriver.

LAHONTAN.

C'est par la même raison que tu viens de dire, mon pauvre Adario, qu'elles ne conçoivent pas si facilement que nos Femmes. Si elles ne prenoient pas si fréquemment les plaisirs de l'amour, ni avec tant d'avidité, elles donneroient le temps à la matiére convenable à la production des enfans, de se rendre telle qu'il faut qu'elle soit pour engendrer. Il en est de même qu'un Champ, dans lequel on semeroit sans cesse du bled d'Inde, sans le laisser jamais en friche; Car il arriveroit qu'à la fin il ne produiroit plus rien,

rien (comme l'expérience te l'a, sans doute, fait voir), au lieu qu'en laissant reposer ce champ, la terre reprend ses forces, l'air, le serain, les pluyes, & le soleil luy redonnent un nouveau suc, qui fait germer le grain qu'on y seme. Or, écoute un peu, mon Cher, ce que je te veux dire. Pourquoy est-ce que les femmes sauvages étant si peu fécondes, ont si peu l'acroissement de leur Nation en veüe, qu'une fille se fait avorter, lorsque le Pére de son Enfant vient à mourir ou à estre tué, avant que sa grossesse soit reconnue. Tu me répondras que c'est pour conserver sa réputation, parce qu'ensuite elle ne trouveroit plus de Mari : Mais, il me semble que l'intérêt de la Nation, laquelle devroit se multiplier, n'est guére en recommandation dans l'esprit de vos femmes. Il n'en est pas ainsi des nôtres ; car, comme tu me le disois l'autre jour, nos Coureurs de bois, & bien d'autres, trouvent assez souvent de nouveaux enfans dans leurs Maisons, au retour de leurs Voyages. Cependant ils s'en consolent, car ce sont des corps pour la Nation, & des ames pour le ciel. Aprés cela ces femmes sont autant deshonorées que les vôtres, & quelquefois on les met en prison pour toute leur vie ; au lieu que les vôtres peuvent avoir ensuite tant de galans qu'elles veulent. C'est une trés-abominable cruauté de détruire son enfant. C'est ce que le Maître de la vie ne sçauroit jamais leur pardonner. Ce seroit un des principaux abus à réformer parmi vous.

vous. Enfuite, il faudroit retrancher la nudité ; car enfin le privilége que vos Garçons ont d'aller nuds, cause un terrible ravage dans le cœur de vos filles ; car n'étant pas de bronze, il ne se peut faire qu'à l'aspect des piéces, que je n'ozerois nommer, elles n'entrent en rut en certaines occasions, où ces jeunes Coquins font voir que la Nature n'est ni morte ni ingrate envers eux.

A D A R I O.

La raison que tu me donnes de la sterilité de nos femmes est merveilleuse, car je conçoi maintenant que cela se peut. Tu condamnes aussi fort à propos le crime de ces Filles qui se font avorter avec leurs breuvages. Mais ce que tu dis de la nudité ne s'acorde guére avec le bon sens. Je conviens que les Peuples chez qui le *tien* & le *mien* sont introduits, ont grande raison de cacher non seulement leurs Parties viriles, mais encore tous les autres membres du corps. Car à quoy serviroit l'or & l'argent des François, s'ils ne les employoient à se parer avec de riches habits ? puisque ce n'est que par le vêtement qu'on fait état des gens. N'est-ce pas un grand avantage pour un François de pouvoir cacher quelque défaut de nature sous de beaux habits ? Croy-moy, la nudité ne doit choquer uniquement que les gens qui ont la propriété des biens. Un laid homme parmi vous autres, un mal bâti trouve le secret de se rendre beau & bien fait, avec une belle perruque, & des habits dorez, sous lesquels on ne peut distinguer les hanches & les
fes-

fesses artificelles d'avec les naturelles. Il y auroit encore un grand inconvenient si les Européans alloient nuds; c'est que ceux qui seroient bien armez trouveroient tant de pratique & tant d'argent à gagner, qu'ils ne songeroient à se marier de leur vie, & qu'ils donneroient occasion à une infinité de femmes de violer la foy conjugale. Imagine-toy que ces raisons n'ont aucun lieu parmi nous, où il faut que tout serve, sans exception, tant petits que grands; les filles qui voient de jeunes gens nuds, jugent à l'œil de ce qui leur convient. La Nature n'a pas mieux gardé ses proportions envers les femmes qu'envers les hommes. Ainsi, chacune peut hardiment juger qu'elle ne sera pas trompée en ce qu'elle attend d'un Mari. Nos femmes sont capricieuses, comme les vôtres, ce qui fait que le plus chetif Sauvage peut trouver une femme. Car comme tout paroît à découvert, nos filles choisissent quelquefois suivant leur inclination; sans avoir égard à certaines proportions: les unes aiment un homme bien fait, quoiqu'il ait je ne sçay quoy de petit en luy. D'autres aiment un mal bâti pourveu qu'elles y trouvent je ne sçay quoy de grand; & d'autres préférent un homme d'esprit & vigoureux, quoiqu'il ne soit ni bien fait, ni bien pourveu de ce que je n'ay pas voulu nommer. Voilà, mon Frére, tout ce que je puis te répondre sur le crime de la nudité, qui, comme tu sçais, ne doit uniquement estre imputé qu'aux Garçons; puisque les gens veufs ou mariez cachent

soig-

soigneusement le devant & le derriére. Au reste, nos Filles sont en recompense plus modestes que les vôtres; car on ne voit en elles rien de nud que le gras de la jambe, au lieu que les vôtres montrent le sein tellement à découvert que nos jeunes gens ont le nez collé sur le ventre, lorsqu'ils trafiquent leurs Castors aux belles Marchandes qui sont dans vos Villes. Ne seroit-ce pas là, mon Frére, un abus à réformer parmi les François? Car, enfin, ne sçay je pas de bonne part qu'il n'est guére de Françoise, qui puisse résister à la tentation de l'objet de qui leur sein découvert provoque l'émotion. Ce seroit le moyen de préserver leurs Maris du mal chimérique de ces Cornes que nous plantons sur leur front, sans les toucher, ni même les voir; ce qui se fait par un miracle que je ne sçaurois concevoir. Car, enfin, si je plante un pommier dans un jardin, il ne croît pas sur le sommet d'un rocher; ainsi vos Cornes invisibles ne doivent prendre racine qu'à l'endroit où leur semence est jettée; D'où il s'ensuit qu'elles devroient sortir du front de vos Femmes, pour représenter les outils du Mari & du Galand. Au reste, cette folie de Cornes est épouvantable; car pourquoy chagriner un Mari de cette injure, à l'ocasion des plaisirs de sa Femme? Or s'il faut époufer les vices d'une femme en l'épouzant, le mariage des François est un Sacrement qui ne doit pas être fondé sur la droite raison; ou bien il faut de nécessité retenir son Epouse sous la clef pour éviter ce deshonneur. Il faut que le nombre de ces Maris soit bien grand,

grand ; car, enfin, je ne conçoi pas qu'une femme puisse penser à la rigueur de cette châine éternelle, sans chercher quelque espéce de soulagement à ses maux, chez quelque bon Ami. Je pardonnerois les François s'ils s'en tenoient à leur mariage sous certaines conditions ; c'est-à dire, pourvû qu'il en provînt des enfans, & que le mari & la femme eussent toûjours une assez bonne santé pour s'aquiter, comme il faut, du devoir du mariage. Voilà tout le réglement qu'on pourroit faire chez des Peuples qui ont le *Tien* & le *Mien*. Or il s'agit encore d'une chose impertinente ; C'est que parmi vous autres Chrêtiens les hommes se font gloire de débaucher les femmes ; comme s'il ne devoient pas, selon toute sorte de raisons, estre aussi criminel aux uns qu'aux autres de sucomber à la tentation de l'amour. Vos jeunes Gens font tous leurs éforts pour tenter les Filles & les Femmes. Ils employent toutes sortes de voyes pour y réüssir. Ensuite ils le publient, ils le disent par tout. Chacun loue le Cavalier, & méprise la Dame ; au lieu de pardonner la Dame, & de châtier le Cavalier. Comment prétendez vous que vos Femmes vous soient fidéles, si vous ne l'étés pas à elles ? Si les Maris ont des Maîstresses, pourquoy leurs Epouses n'auront-elles pas des Amans ? Et si ces Maris préférent les jeux & le vin à la compagnie de leurs femmes, pourquoy ne chercheront elles pas de la consolation avec quelque Ami ? Voulez-vous que vos Femmes soient sages, soyez ce que vous appellez *Sauvages*,

c'est

c'eſtà dire, ſoyez *Hurons*; aimés les comme vous mêmes, & ne les vendés pas. Car je connois certains Maris parmi vous qui conſentent auſſi lâchement au libertinage de leurs Epouſes, que des Méres à la proſtitution de leurs Filles. Ces gens-là ne le font que parce que la néceſſité les y oblige. Sur ce pied-là c'eſt un grand bonheur pour les Hurons de n'être pas réduits à faire les baſſeſſes, que la miſére inſpire aux gens qui ne ſont pas accoutumés d'être miſerables. Nous ne ſommes jamais ni riches, ni pauvres; & c'eſt en cela que nôtre bonheur eſt au deſſus de toutes vos richeſſes. Car nous ne ſommes pas obligez de vendre nos Femmes & nos Filles, pour vivre aux dépens de leurs travaux amoureux. Vous dites qu'elles ſont ſottes. Il eſt vray, nous en convenons; Car elles ne ſçavent pas écrire des billets à leurs Amis, comme les vôtres; & quand cela ſeroit, l'eſprit des Hurones n'eſt pas aſſez pénétrant pour choiſir à la phiſionomie des Vieilles aſſez fidéles pour porter ces létres galantes ſous un ſilence éternel. Ha! maudite Ecriture! pernicieuſe invention des Européans, qui tremblent à la veüe des propres chiméres qu'ils ſe repréſentent eux mêmes par l'arrangement de vint & trois petites figures, plus propres à troubler le repos des hommes qu'à l'entretenir. Les Hurons ſont auſſi des ſots, s'il vous en faut croire, parce qu'ils n'ont point d'égard à la perte du pucelage des filles qu'ils epouſent; & qu'ils prénent en mariage des Femmes que leurs Camarades ont abandonées.

Mais

Mais, mon Frére, di-moy, je te prie, les François en sont-ils plus sages pour s'imaginer qu'une fille est pucelle, parce qu'elle crie, & qu'elle jure de l'estre ? Or, supposons qu'elle soit telle qu'il la croit, la conqueste en est-elle meilleure ? Non vraîment; au contraire, le Mari est obligé de luy aprendre un exercice qu'elle met ensuite en pratique avec d'autres gens, lorsqu'il n'est pas en état de le continuer journellement avec elle. Pour ce qui est des Femmes que nous épousons aprez la séparation de leurs Maris ; n'est-ce pas la même chose que ce que vous appellez se marier avec des Veuves ? Néanmoins avec cette diférence que ces Femmes ont tout lieu d'estre persuadées que nous les aimons, au lieu que la plûpart de vos Veuves ont tout sujet de croire que vous épousez moins leurs corps que leurs richesses. Combien de désordres n'arrive-t'il pas dans les Familles par des mariages comme ceux-là ? Cependant, on n'y rémédie pas, parce que le mal est incurable, dez-que le lien conjugal doit durer autant que la vie. Voici encore une autre peine parmi vous autres, qui me paroît tout à fait cruelle. Vôtre mariage est indissoluble, cependant une fille & un Garçon qui s'aiment reciproquement ne peuvent pas se marier ensemble sans le consentement de leurs Parens. Il faudra qu'ils se marient l'un & l'autre au gré de leurs Péres, & contre leurs desirs, quelque répugnance qu'ils ayent, avec des personnes qu'ils haïssent mortellement. L'inégalité d'âge, de bien, & de condition causent tous ces désor-

E   dres.

dres. Ces confidérations l'emportent fur l'amour mutuel des deux Parties, qui font d'acord entr'elles. Quelle cruauté & quelle tirannie d'un Pére envers fes Enfans ? Voiton cela parmi les Hurons ? Ne font-ils pas aufli nobles, aufli riches les uns que les autres ? Les Femmes n'ont-elles pas la même liberté que les Hommes, & les Enfans ne joüiffent-ils pas des mêmes priviléges que leurs Péres ? Un jeune Huron n'époufera-t'il pas une des efclaves de fa Mére, fans qu'on foit en droit de l'en empêcher ? Cette efclave n'eft-elle pas faite comme une femme libre, & dez-qu'elle eft belle, qu'elle plait ne doit-elle pas être préferable à la fille du grand Chef de la Nation, qui fera laide ? N'eft ce pas encore une injuftice pour les Peuples qui déteftent la communauté des biens; que les Nobles donnent à leur premier fils prefque tout leur bien, & que les fréres & les fœurs de celuy-ci foient obligez de fe contenter de trés-peu de chofe ; pendant que cet Aîné ne fera peut-être pas légitime, & que tous les autres le feront ? Qu'en arrive-t'il fi ce n'eft qu'on jette les Filles dans des Couvents, prifons perpétuelles, par une barbarie qui ne s'acorde guére avec cette Charité Chrétienne, que les Jéfuites nous prêchent? Si ce font des Garçons, ils fe trouvent réduits à fe faire Prêtres, ou Moines, pour vivre du beau métier de prier Dieu malgré eux, de prêcher ce qu'ils ne font pas, & de perfuader aux autres, ce qu'ils ne croyent pas eux-mêmes. S'il s'en trouve qui prénent le parti de la guerre, c'eft plûtôt pour piller

la

la Nation, que pour la défendre de ses Ennemis. Les François ne combatent point pour l'interêt de la Nation, comme nous faisons, ce n'est que pour leur propre intérêt & dans la vûe d'aquérir des Emplois, qu'ils combatent. L'amour de la Patrie & de leurs Compatriotes y ont moins de part que l'ambition, les richesses, & la vanité. Enfin, mon cher Frére, je conclus ce discours en t'assûrant, que l'amour propre des Chrêtiens, est une folie que les Hurons Condamneront sans cesse. Or cette folie qui régne en tout parmi vous autres François, ne se remarque pas moins dans vos amours & dans vos mariages; lesquels sont aussi bizarres que les gens qui donnent si sottement dans ce paneau.

LAHONTAN.

Ecoute, *Adario*, je me souviens de t'avoir dit qu'il ne faloit pas juger des actions des honêtes gens, par celles des Coquins. J'avoüe que tu as raison de blâmer certaines actions que nous blâmons aussi. Je conviens que la propriété de biens est la source d'une infinité de passions, dont vous estes exempts. Mais, si tu regardes toutes choses du bon côté, & sur tout nos amours & nos mariages, le bel ordre qui est établi dans nos Familles, & l'éducation de nos Enfans, tu trouveras une conduite merveilleuse dans toutes nos Constitutions. Cette Liberté, que les Hurons nous prêchent, cause un désordre épouvantable. Les Enfans sont aussi grands maîtres que leurs Péres, & les Femmes qui doivent estre natureliement sujettes à leurs Maris, ont autant de pouvoir qu'eux. Les Filles se moquent de leurs Méres, lorsqu'il s'agit de prêter l'oreille à leurs Amans ; En un mot, toute cette liberté se réduit à vivre dans une débauche, perpétuelle, & donne à la Nature tout ce qu'elle demande, à l'imitation des Bêtes. Les Filles des Hurons font consister leur sagesse dans le secret, & dans l'invention de cacher leurs débauches. * *Courir la luméte* parmi vous autres, est ce qui s'appelle chez nous, *chercher avanture.* Tous vos jeunes Gens courent cette luméte tant que la nuit dure. Les portes des Chambres de vos Filles sont ouvertes à tous venans ; & s'il se présente un jeune Homme qu'elle n'aime pas, elle se couvre la teste de sa couverture. C'est à dire qu'elle n'en est point tentée. S'il en vient un second, peut-estre elle luy permétra de s'asseoir sur le pied de son lit, pour parler avec elle, sans passer outre. C'est à dire qu'elle veut ménager ce drôle-là pour avoir plusieurs cordes à son arc ; en vient-il un troisiéme qu'elle veut duper, avec une plus feinte sagesse, elle luy permétra de se coucher auprés d'elle sur les couvertures du lit. Celuy-ci est-il parti, le quatriéme arrivant trouve le lit & les bras de la fille ouverts à son plaisir, pour deux ou trois heures ; & quoi qu'il n'employe ce temps-là à rien moins qu'en paroles, on le croit cependant à la bonne foy. Voilà, mon cher Adario,

* *C'est entrer, pendant la nuit, dans la Chambre de sa Maîtresse, avec une espéce de Chandelle.*

dario, le putanisme de tes Hurones couvert d'un manteau d'honnête conversation, & d'autant plus que quelque indiscrétion que puissent avoir les Amans envers leur Maîtresses, (ce qui n'arrive guéres) bien loin de les croire, on les traite de *jaloux*, qui est une injure infame parmi vous autres. Aprez tout ce que je viens de dire, il ne faut pas s'étonner, si les Americaines ne veulent point entendre parler d'amour, pendant le jour, sous prétexte que la nuit est faite pour cela. Voilà ce qu'on appelle en France *cacher adroitement son jeu*. S'il y a de la débauche parmi nos Filles, au moins il y a cette diférence que la régle n'est pas générale, comme parmi les vôtres, & que d'ailleurs elles ne vont pas si brutalement au fait. L'amour des Européanes est charmant, elles sont constantes & fidéles jusqu'à la mort ; lorsqu'elles ont la foiblesse d'accorder à leurs Amans la derniére faveur, c'est plûtôt en vertu de leur mérite intérieur, qu'exterieur, & toûjours moins par le desir de se contenter elles-mêmes, que de donner des preuves sensibles d'amour à leurs Amans. Ceux-ci sont galans, cherchant à plaire à leurs Maîtresses par des maniéres tout à fait jolies, comme par de respect, par les assiduitez, par la complaisance. Ils sont patiens, zelés, & toûjours prêts à sacrifier leur vie & leurs biens pour elles ; ils soupirent long-temps avant que de rien entreprendre. Car ils veulent mériter la derniére faveur par des longs-services. On les voit à genoux aux pieds de leurs Maîtresses mendier le privilége de leur baiser la main.

Et comme le Chien suit son Maître en veillant, lorsqu'il dort; aussi chez nous un véritable Amant ne quitte point sa Maîtresse, & il ne ferme les yeux que pour songer à elle, pendant le sommeil. S'il s'en trouve quelqu'un assez fougueux pour embrasser sa Maîtresse brusquement à la premiere occasion, sans avoir égard à sa foiblesse, on l'appelle *Sauvage*, parmi nous, c'est à dire homme sans quartier, qui comence par où les autres finissent.

ADARIO.

Hô hô, mon cher Frére, les François ont-ils bien l'esprit d'appeller ces gens là *Sauvages*? Ma foy, je ne croyois pas que ce mot là signifiât parmi vous un homme sage & conclusif; Je suis ravi d'aprendre cette nouvelle; ne doutant pas qu'un jour vous n'apelliez *Sauvages*, tous les François qui seront assez sages pour suivre exactement les véritables régles de la justice & de la raison. Je ne m'étonne plus de ce que les rusées Françoises aiment tant les Sauvages; elles n'ont pas tout le tort; car, à mon avis, le temps est trop cher pour le perdre, & la jeunesse trop courte pour ne pas profiter des avantages qu'elle nous donne. Si vos Filles sont constantes à changer sans cesse d'Amans, cela peut avoir quelque raport à l'humeur des nôtres. Mais, lors qu'elles se laissent fidélement caresser par trois ou quatre, en même-temps, cela est tres diférent du génie des Hurones. Que les Amans François passent leur vie à faire re les folies que tu viens de me dire, pour vaincre leurs Maîtresses, c'est à dire qu'ils employent leur temps, & leurs biens à l'achat d'un petit plaisir précédé de mille peines & de mille soucis, je ne les en blâmerai pas, puisque j'ay fait la folie de me risquer sur d'impertinens Vaisseaux à traverser ler Mers rudes qui séparent la France de ce Continent, pour avoir le plaisir de voir le Païs des François. Ce qui m'oblige à me taire. Mais les gens raisonables diront que ces sortes d'Amans sont aussi fous que moy ; avec cette diférence que leur amour passe aveuglément d'une Maîtresse à l'autre, les exposant à soufrir les mêmes tourmens. Au lieu que je ne passerai plus de ma vie de l'Amérique en France.

FIN des DIALOGUES.

VOYAGES
Du
BARON de LAHONTAN
En
PORTUGAL,
Et en
DANEMARC.

ROYAUME
de
PORTUGAL
Par N. de Fer
Lieues Communes de France
Lieues Communes d'Espagne
Lieues Communes d'Allemagne
Bayona
Minho R
R Lima
R Cauado
R Daues
R Douro
C de Mondogo
R Mondogo
Barlenga I
Vigo
Gondomar
Celanova
Monterey
Villa Veja
Araujo
Chaues
Bragança
Entre Minho
Douro
Tra los Montes
Amarante
Porto
Lamego
Viseu
Pinhel
Almeida
Linhares
Guarda
Ciudad Rodrigo
Vilar Mayor
Coimbra
Goes
Valhelhas
Sabugal
Alfayates
Tentugal
Soure
Pombal
Leria
Pedrogam
Castel Branco
Idanha a velha
Idanha a nueva
Monsanto
Coria
Segura
Peña macor
Atalaya
Abrantes
Alcantara
Alburquerque
Almerin
Montargil
Seda
PORTUGAL

Pombal
Lexia
Alcobaca
Obedos
Barlenga I
Torres Vedras
Lisbona
Cascaes
Cabo de Roca
Cintra
R Tajo
Cabo de Espichel
R Zadaon
Alcazar do sal
Arroyolo
Redondo
Ebora
Viana
Portel
Bexa
Ourique
Odemira
ROYAUME DALGARVE
Lagos
Lole
FARO
Tavira
Cabo de S. Vincente
Cabo de Sta Maria
R Guadiana
R Guadalauvir
Castel Branco
Idanha a nueva
Segura
Salvaterra
Coria
Abrantes
Alcantara
Alburquerque
Almoharin
Feria
Villa Franca
Merida
Portalagre
Aronches
Elvas
Villa Viciosa
Badajos
Olivenca
Arroyo de S Seruan
Almendralejo
Barcarata
Xeres de badajos
Cambre
Cartegena
Aracena
Frexenal
Serpa
Mertol
Puymogo
Xeres de Guadiana
S Lucar
la Sevilla
Lucena
Palos
Lebrixa
Arcos
39
38
37
10
11
12
13

VOYAGES
De
PORTUGAL,
Et de
DANEMARC.

Monsieur,

Una salus victis nullam sperare salutem.

Ela veut dire que sur les méchantes Nouvelles que vous m'apprenez, au sujet de mon affaire, je me sens encore assez de sang aux ongles, pour braver tous les revers de la Fortune. L'Univers, qui est la Patrie des Irondéles & des Jésuites, doit être aussi la mienne, jusqu'à ce qu'il plaise à Dieu de faire aller en l'autre monde des gens qui luy sont fort inutiles en celuy-ci. Je suis ravi que les Mémoires de *Canada* vous ayent plû, & que mon stile sauvage ne vous ait pas éfrayé. Aprez tout, vous auriez tort

de trouver à redire à ce jargon ; car nous sommes vous & moy d'un Païs, où l'on ne sçait parler François que lorsqu'on n'a plus la force de le prononcer. D'ailleurs, il n'est pas possible qu'ayant passé si jeune dans l'Amérique, j'aye pû trouver en ce païs-là se secret d'écrire poliment. C'est une science qu'on ne sçauroit aprendre parmi des Sauvages, dont la société rustique est capable d'abrutir les gens du monde les plus polis. Vous me pressez de continuer à vous aprendre de nouvelles choses ; j'y consens : mais ne comptez pas, aux moins, que je vous envoye ces belles descriptions que vous demandez. Car ce seroit m'exposer à la risée des Personnes auxquelles vous pourriez les communiquer. Je ne me sens pas assez habile Homme pour enchérir sur les Remarques curieuses qu'une infinité de Voyageurs ont bien voulu donner au Public. C'est assez que je vous fournisse des Mémoires particuliers sur certaines choses, dont on a fait si peu de cas, qu'on n'a pas creu devoir se donner la peine d'y faire attention. Et comme ce sont des matiéres qui n'ont jamais été sous la Presse, vous y trouverez, peut-être, quelque sorte de plaisir, par raport à la nouveauté. Sur ce pied-là je ferai ponctuel à vous écrire, de quelque coin du monde où mon infortune me jette ; à condition que vous le serez aussi à me répondre exactement. Au reste, je me croy obligé de vous avertir que je ne sçaurois me résoudre à francizer les noms étrangers. Je les écriray comme les gens du Païs les écrivent, c'est à dire de la maniére qu'ils le
doi-

doivent être. Aprez cela vous les prononcerez comme il vous plaira. Vous sçavez que je vous écrivis il-y-a deux mois & demi, qu'aprez avoir compté prez de trois cens pistoles au Capitaine du Vaisseau qui me sauva de *Plaisance* à *Vianna*, je fus assez heureux de métre pied à terre à cette Cité des *Callaiques*; ainsi donc il ne me reste qu'à reprendre de là le fil de mon Journal.

Je ne fus pas plûtôt sorti de la Chaloupe qu'un Gentilhomme François, qui sert le Roy de Portugal, * depuis trente & quatre ans, en qualité de Capitaine de Cavallerie, me fit offre de sa Maison; car il n'y avoit en ce lieu-là que des Cabarets à Matelots. Le lendemain ce vieux Officier me conseilla de saluer Don *Joan de Souza* Gouverneur Général de la Province d'entre *Douro* & *Minho*, & m'avertit que tout le monde luy donnoit *L'Excellentia* & qu'il ne rendoit la *Senoria* qu'aux premiers Gentils-Hommes du Royaume, & la †*Merced* à tous les autres; ce qui fit qu'au lieu de luy parler Espagnol, je me servis d'un Interpréte qui métamorphosa tous les *Vous* de mon compliment en *Excellence* Portugaise. *Vianne* dont la situation est à cinq lieües de *Braga* vers l'Occident, est renfermée dans un angle droit, dont la mer & la riviére de *Lima* font les deux costez. J'y vis deux Monastéres de *Bénédictines*, si mal rantez qu'elles mourroient de faim, si leurs Parens, ou leurs ‡*Devotos*
ne

E 7

* Du temps de Mr. de Schomberg.

† *Merced* qui signifie *merci*, est un titre un peu au dessus de *Vous*.

‡ *Devotos*, ce sont les amis des Nonains. Ce mot signifie *dévoüés*.

ne les fecouroient. Il y a un trés-bon Château fur le bord de la Mer, fortifié felon les régles de *Pagan*. Il eft garni de plufieurs groffes Couleuvrines, qui mettent à couvert des *Salteins* les Batîmens qui moüillent à la *Rade où l'on eft à l'abri des 14. vents contenus entre le *Nord* & le *Sud*, vers la bande de *l'Eft*. La Riviére eft un † Havre de Barre dans lequel on ne fçauroit entrer fans la conduite des Pilotes de la ville, qu'on fait venir à bord par le fignal du Canon & du Pavillon en ‡*Berne*. C'eft toûjours à l'inftant de la pleine mer que les Vaiffeaux fe préfentent devant cette Riviére, dans laquelle ils afféchent enfuite toutes les marées, à moins qu'ils ne foient placez à la foffe qui conferve, pour le moins, 8. ou 10. braffes d'eau de baffe Mer. Le 4. de février ayant loué deux mules, l'une pour moy, l'autre pour mon Valet, fur le pied de trois piaftres d'Efpagne, je piquay de fi bonne grace que j'arrivay le foir *à Porto à Porto*, quoique cette journée foit de 12. lieuës, d'une heure de chemin. Ces Animaux amblent vîte & legérement, fans broncher, ni fatiguer ceux qui les montent. Les Cavaliers ont la commodité de s'appuïer, quand

ils

* *Rade*, moüillage prés des Côtes, où l'on eft à couvert des vents qui viennent de ces Côtes.

† *Havre de Barre*, Port où l'on ne peut entrer qu'au temps de la pleine mer, parce que les Vaiffeaux trouvent alors affez d'eau pour paffer fur les fables, ou fur les fonds plats, fans échouer ni toucher. *Bayone, Bilbao, St Nas, Vianne, Porto, Aveiro, Mondego, Lisbone & Salé* font tous des Havres de Barre.

‡ *Pavillon en Berne*, c'eft le tenir frelé, ou pendant en monceau du haut en bas.

ils veulent sur leur valize, qui est soûtenue sur deux cerceaux de fer, vers le pomeau des selles du Païs, dont la dureté n'acomode pas les gens aussi maigres que moy. Au reste, le chemin, quoique pierreux, est assez bon, le terrain est égal, le païsage riant, & la coste de la mer ornée de quelques gros Villages, dont les principaux sont *Exposende*, *Faons*, & *Villa de Condé*. En arrivant à *Porto*, mon Guide me logea dans une Auberge Angloise, qui est la seule dont on se puisse accommoder. Cette ville-là est remplie de Marchans François, Anglois & Hollandois, à cause de l'avantage qu'ils retirent du commerce ; quoique les derniers soient assez accoûtumez à faire de grandes pertes, depuis le commencement de la guerre, par l'inhumanité de nos Capres, qui ne se font pas de scrupule de prendre leurs Vaisseaux. *Porto* est bâti sur la pente d'une Montagne assez escarpée, au pied de laquelle on voit couler la Riviére de *Duero*, qui se déchargeant une lieüe plus bas dans la Mer, passe sur une *Barre
située

* Barre est à proprement parler un banc de sable, qui traverse ordinairement l'entrée des Riviéres, qui ne sont pas assez rapides pour repousser dans la Mer les sables que les vagues y accumulent, lorsque les vents du large souflent avec impétuosité. Toutes les barres peuvent estre appelées bancs de sable, car je n'ay jamais oüy dire qu'il y ait au monde aucune barre de chaîne de Rochers. Or comme ces sables s'élévent vers la surface de l'eau comme un petit côteau dans une plaine, les Vaisseaux n'y sçauroient passer qu'au temps de la pleine mer, parce qu'alors ils trouvent assez d'eau pour flotter au dessus.

située à son embouchûre, ou les sages Navigateurs ne doivent se présenter que dans un beau temps, aprez avoir eû la précaution de faire venir à bord les Pilotes du Païs; car il se trouve des Rochers cachez & découverts sur les sables de cette Barre, qui la rendent inaccessible aux Etrangers. Les Vaisseaux de 400. Tonneaux y trouvent assez d'eau vers le moment de la pleine mer, qui est le véritable temps dont il est à propos de se servir pour entrer dans cette Riviére. Il régne un beau quay d'une extrémité de la ville à l'autre; le long duquel chaque bâtiment est amarré vis à vis de la Maison de son Propriétaire. J'eus le temps de voir la Flotte Marchande du *Brezil*, qui consistoit en 32. Navires Portugais, dont le moindre étoit armé de 22. Canons. Outre cela, je vis encore dans la Riviére quantité de Vaisseaux étrangers, sur tout cinq ou six Armateurs François, qui s'étoient jettez là pour acheter des vivres & des munitions. Cette Ville de *Porto* est belle, propre, & bien pavée, mais aussi trés-incommode par le desavantage de sa situation montueuse. Car il faut toûjours monter & descendre. La Galerie des Chanoines Réguliers de St. Augustin, est une piéce d'Architecture aussi curieuse par son extréme longueur, que leur Eglise par sa figure en rotonde, & par la richesse du dedans. Il y a un Parlement, un Evêché, des Académies où les jeunes Gens aprénent leurs exercices & un Arsenal pour l'é-
qui-

quipement des Vaisseaux de guerre qu'on bâtit annuellement prés de l'embouchûre de la Riviére. Je suis surpris que cette Ville ne soit pas mieux fortifiée, puisque c'est la seconde du Royaume. Les murailles de l'enceinte n'ont que six pieds d'épaisseur, & de distance à autre on découvre des Tours ruïnées, que le temps a dégradé. C'est un ouvrage des *Mores*, & même des plus irréguliers de ces temps-là. Jugez de là, Monsieur, s'il seroit dificile d'emporter cette Place d'emblée. Bien en prend aux Portugais que cette Province, qui est une des meilleures du Royaume, soit presque inaccessible à leurs Ennemis, tant par mer, que par terre. D'un côté à cause des barres, dont j'ay parlé, & de l'autre à cause d'une infinité de Montagnes impraticables. Elle est trés-bien peuplée. Toutes les Vallées sont pleines de Bourgs & de Villages, où il se receüille quantité de vin & d'olives, & où l'on nourrit un assez grand nombre de Bestiaux, & même la laine qu'on en tire est assez fine: Je vous dis ceci sur le raport de quelques Marchans François, qui connoissent parfaitement bien cette Province là. On m'a dit qu'il est impossible de rendre la Riviére de *Duero* navigable pour des Bateaux, à cause de quelques cascades & courans qui se trouvent entre des rochers éfroyables. Contentez vous de ceci, je n'en sçay pas davantage.

Le 10. je partis pour *Lisbone*, dans une Littiére que je loüai dix huit mille six
cens

cens *Reis*, qui font un nombre de piéces capable de furprendre tout d'un coup des gens qui ne fçauroient pas que ce ne font que des deniers. Or comme c'eft de cette manierelà que les Portugais font tous leurs comptes, il faut vous expliquer qu'un *Reis* n'eft autre chofe qu'un denier, & que cette nombreufe quantité de piéces fe réduit fimplement à 25. Piaftres. Sur ce pied-là mon Litérier s'obligea de me rendre à *Lisbone* le 9.^{ne} jour de marche, quoi qu'il deuft s'écarter deux ou trois lieües de la route, pour fatisfaire la curiofité que j'avois de paffer à *Aveiro*, où j'arrivay le lendemain. Cette Bicoque eft fituée fur les rives de la mer, & d'une petite Riviere de barre, où les Bâtimens qui ne*callent que 8. ou 9. pieds, entrent de pleine mer fous la conduite des Pilotes coftiers. Elle eft fortifiée à la Morefque, comme celle de *Porto*. Il s'y fait une affez grande quantité de fel pour en fournir abondamment deux ou trois Province; On y voit un trés-beau Monaftére de Réligieufes qui font leurs preuves d'ancienne nobleffe & d'origine † *Chriftiaon veilhos*. La campagne eft charmante jufqu'à trois lieues vers l'Orient, c'eft à dire jufqu'au grand chemin de *Lisbonne*, qui eft borné par une chaîne de Montagnes de *Porto* jufqu'à *Coimbre*. J'entray le 14. dans cette derniere ville, & voulant voir l'Univerfité, mon Literier m'affûra que cette curiofité me coûteroit un jour de re-

---

* *Caller*, c'eft enfoncer dans l'eau.
† C'eft à dire de vieux Chrêtien. Grand Titre d'honneur dans ce Païs-là, par fa rareté.

retardement. Ce Collége, dont quelques Voyageurs ont fait mention, se rend assez fameux par le soin que le Roy de Portugal a eû d'y faire fleurir les Sçiences depuis son avénement à la Couronne. Il n'y a rien qui soit digne de remarque dans cette Ville-là, si ce n'est un double Pont de pierre, entre lequel, estant l'un sur l'autre, on peut traverser la riviere par un chemin couvert; On voit deux beaux Couvents l'un de Moines & l'autre de Réligieuses, situés à quarante ou cinquante pas l'un de l'autre. *Coimbre* a titre de Duché. Cette Ville joüit de plusieurs privileges & prérogatives considérables. Elle est située à six lieües de la Mer, au pied d'une coste escarpée, sur laquelle on découvre des Eglises, des Monasteres, & deux ou trois belles Maisons. Son Evêché, qui est sufragant de *Braga*, est un des meilleurs du Royaume. De Coimbre à *Lisbone* le chemin est beau, le païsage riant, & le Païs assez bien peuplé. J'arrivay à cette Capitale le 18. estant moins fatigué, que chagrin de m'être servi d'une Voiture, qui par sa lenteur ne peut convenir qu'aux Dames & aux Vieillards. J'aurois eû plus d'agrément en me servant de Mules. Car en ce cas, j'eusse fait ce petit voyage en cinq jours, à trés-peu de frais: c'est à dire pour 13. piastres, maître & valet. Au reste, il est à propos de vous dire, en passant, que les gens un peu délicats n'auroient jamais supporté sans mourir, l'incomodité des * *Posadas* de la Route

dont

---

* *Posadas*, Retraite ou espéce de Cabarets pour les Voyageurs.

dont la description pitoyable sufiroit pour vous ôter l'envie d'aller à Lisbonne, quelque affaire que vous y eussiez. Je m'en suis pourtant acommodé comme des meilleures Auberges de France ; Car n'ayant fait de ma vie d'autre métier que de courir les Mers, les Lacs, & les Rivieres de Canada, vivant le plus souvent de racines & d'eau, sous des Tentes d'écorce, je dévorois comme un perdu, tout ce qu'on avoit le soin de me présenter, dans ces miserables Hôpitaux. Imaginez-vous, Monsieur, que l'Hôte conduit les Voyageurs, dans un Réduit qu'on prendroit plûtôt pour un Cachot que pour une Chambre. C'est-là qu'il faut attendre avec beaucoup de patience quelques ragoûts assaisonnez d'ail, de poivre, de ciboules, & de cent Herbes médicinales dont l'odeur feroit perdre l'appetit a l'*Iroquois* le plus affamé. Pour comble de disgrace, on est obligé de se reposer sur de certains matelas étendus sur le plancher, sans couverture ni paillasse ; & comme ils ne sont guére plus épais que cette Lettre, il en faudroit au moins deux ou trois cens pour être couché plus mollement que sur les pierres. Il est vray que l'Hôte en fournit autant qu'on en souhaite, au prix d'un sol la piéce. Et qu'il se donne la peine de les secouer & de les battre pour faire tomber les puces, les punaises, &c. Graces, à Dieu, je n'ay pas eû besoin de m'en servir. Car j'ay toûjours conservé mon * *Hamak* qu'il est facile de suspendre en tous lieux

* *Hamak* est une espece de branle de coton, plus long & plus large que les branles des Matelots.

lieux, par le moyen de deux grosses vrilles de fer. Au reste, ce que je vous dis icy de ces Cabarets, n'est qu'une bagatelle, en comparaison de ceux d'Espagne, s'il en faut croire des gens dignes de foy; C'est ce qui fait, à mon avis, qu'il n'en coûte presque rien pour la bonne chére, dans les uns & dans les autres.

Le jour d'aprez mon arrivée à Lisbone, je saluay Mr. l'Abbé *d'Estrées*, que le Roy de Portugal estime infiniment, Il est si fort honoré de tout le monde, qu'on le qualifie avec raison de *O mais perfecto dos perfectos Cavalheiros*, c'est à dire *du plus parfait des parfaits Cavaliers*. Son équipage est assez magnifique, quoiqu'il n'ait pas encore fait son Entrée publique. Sa Maison est trés-bien réglée, son Hôtel richement meublé, & sa Table délicate & bien servie. Il donne souvent à manger aux gens de quelque distinction, qui ne le verroient jamais s'il ne leur donnoit la main. Cette déférence me paroîtroit ridicule, si le Roy son Maître ne l'avoit ainsi réglé du temps de Mr. * d'*Opede*. Car, aprés tout il est choquant que le dernier Enseigne de l'Armée préne la main chez un Ambassadeur, qui la refuse à tout Ministre du second rang Les Gentis-hommes Portugais sont fort honêtes gens, mais ils sont si remplis d'eux mêmes, qu'à peine s'imaginent-ils qu'on puisse trouver au monde de Noblesse plus pure & plus ancienne que la leur. Les Titulaires se font traiter *d'Excellence*, & leur

* *Opede*, autrefois Ambassadeur de France en cette Cour.

leur délicatesse va jusqu'au point de ne jamais rendre visite aux personnes qui logent dans les Auberges. Il faut estre d'une illustre naissance pour avoir le * *Don.* Car les Charges les plus honnorables ne sçauroient donner ce vénérable Titre, puis que le Sécrétaire d'Etat, qui en possede une des plus éclatantes du Royaume, ne le prend pas. Le Roy de Portugal est grand, bien fait, & de bonne mine; quoique son teint soit un peu brun. On dit qu'il est aussi constant en ses résolutions, qu'en ses amitiez. Il connôit trés-bien l'estat de son Royaume. Il est si libéral, & si bien-faisant qu'il a de la peine à refuser les graces que ses Sujets luy demandent. Le Duc de *Cadaval*, qui est son premier Ministre, & son Favori, a de puissans Ennemis, parce qu'il parôit plus zélé qu'eux au seruice de ce Prince, & qu'il est un peu François. *Lisbone* seroit une des plus belles Villes de l'Europe par sa situation, & par ses divers aspects, si elle estoit moins sale. Elle est située sur sept Montagnes, d'où l'on découvre les plus beaux paisages qui soient au monde, aussi bien que la Mer, le fleuve du Tage, & les Forts qui gardent l'entrée de cette Riviére. Cette ville montueuse incommode extrémément les gens qui sont obligés d'aller à pied ; surtout les Voyageurs, dont la curiosité paroît un peu traversée par la peine de monter & décendre incessamment. Car on n'y trouve pas, comme ailleurs, des carosses de louage. On y voit de trés-belles & trés-

mag-

* *Don*, ce mot se raporte parfaitement à celui de *Messire*. Et en Espagne à celui de *Sire* ou *Sieur*, Dont les Savetiers &c. se qualifient.

magnifiques Eglises. Les plus considérables sont la *Ceu*, nôtre Dame de *Loreto*, *san Vicente*, san *Roch*, *san Pable*, & *santo Domingo*. Le Monastére des Bénédictins de *san Bento* est un des plus beaux & des mieux rantés; il eut le malheur de soufrir un incendie qui consuma, le mois passé, une partie de ce bel Edifice, d'où je vis sortir plus de vaisselle d'argent que six mulets n'auroient pû porter. Le Palais du Roy seroit un des plus superbes de l'Europe s'il étoit achevé; mais il en coûteroit du moins deux millions d'écus pour mettre cet Ouvrage dans sa perfection. La demeure ordinaire des Etrangers, est vers le *Remolar*, & dans les Maisons de la Façade-Du Tage. Je connois plusieurs Marchans François Catholiques & Protestans, qui font un commerce considérable dans ce Païs-là. Les premiers y sont sous la protection de France, & les seconds sous celle d'Angleterre ou de Hollande. On y peut compter aussi prés de cinquante Maisons Angloises, autant de Hollandoises, & quelques autres Etrangers, qui s'enrichissent en trés-peu de temps, par le grand trafic des Marchandises de leur Païs. Les *Baetas d'Angleterre, qui sont de petites étofes legéres s'y débitent avantageusement. Les toiles de France, les étofes de soye de Tours & de Lion, les rubans, les dentelles, & la quinquaillerie raportent de gros profits. Par les retours de sucre, de tabac, d'indigo, de cacao, &c. †*L'Alfandig* a du sucre & du tabac est un des meilleurs revenus du Roy. Aussi bien que celle des soyeries, des toiles

&

* Etofes de Colchester.
† Doüane.

& des draperies, qu'on est obligé d'y transporter en sortant des Vaisseaux, pour y estre plombées, moyennant certain tribut, proportioné à la valeur & à la qualité de ces effets. La *Merlusse* ou Morue séche, paye environ trente pour cent. Ce qui fait qu'on n'y gagne presque rien ; si ce n'est en la * primeure. Le tabac en poudre & en corde, qui sont en parti, comme je vous l'ay dit, se vendent en détail au même prix qu'en France : Car le premier se vend deux écus la livre, & le second cinquante sols, ou environ. On fraude aisément les droits de ces Doüanes, lorsqu'on est d'intelligence avec les Gardes, qui sont des fripons fléxibles au son d'une pistole. Il n'entre ni male ni valize dans la Ville, qui ne soient visitées par ces bonnes gens. Les galons, franges, brocars, & rubans d'or ou d'argent, sont confisquez comme marchandise de contrebande ; n'étant permis à qui que ce soit d'employer de l'or ni de l'argent filez en ses Habits, non plus qu'en ses meubles. Les livres, de quelque langue qu'ils soient, entrent aussi-tôt à l'Inquisition, pour y être examinez, & même brûlez, quand ils ont le malheur de déplaire aux Inquisiteurs. Ce Tribunal, dont un Médecin François nous a fait une description passionée, par la triste expérience des maux qu'il a souferts dans les Prisons de *Goa* ; ce Tribunal, dis-je, qui jette plus de feux & de flammes que le *Mont-Gibel*, est si ardent, que pour peu que cette lettre en aprochât, elle courroit

au-

* C'est à dire dans le temps que les premiers Vaisseaux de Terre Neuve arrivent à Lisbone.

autant de risque de brûler que celuy qui l'écrit. Ce n'est donc pas sans raison que je prens la liberté de garder le silence; d'autant plus que les Titulaires du Royaume qui sont presque tous * *Familiers* de ce saint Office, n'ozeroient eux-mêmes en parler. Il y a quelques jours qu'un sage Portugais m'informant des mœurs & des maniéres des Peuples *d'Angola* & du *Brezil*, où il avoit été plusieurs années, se faisoit un plaisir d'écouter à son tour le récit que je luy faisois des Sauvages de *Canada*; mais lorsque j'en vins à la grillade des prisonniers de guerre qui tomboient entre les mains des *Iroquois*, il s'écria d'un ton furieux, que les *Iroquois* de Portugal étoient bien plus cruels que ceux de l'Amérique; puisqu'ils brûloient, sans misericorde, leurs parens, & leurs amis, au lieu que les derniers ne faisoient endurer ce suplice qu'aux cruels ennemis de leur Nation. Les Portugais avoient autrefois une telle vénération pour les Moines, qu'ils se faisoient un scrupule d'entrer dans la Chambre de leurs Epouses, pendant que ces bons Péres les exhortoient à toute autre chose qu'à la pénitence. Mais il paroît aujourd'hui que cette liberté ne subsiste plus. Il faut avoüer aussi que la plûpart ménent une vie si déréglée qu'ils m'ont scandalizé cent fois par leurs débauchés extraordinaires. Ils se servent des permissions du Nonce du Pape pour exercer toute sorte de libertinage. Car ce Ministre Papal, dont le pouvoir est sans bornes envers les Ecclesiastiques, leur permet, au refus de leurs

F   Supé-

---

* Chevaliers craintifs.

Supérieurs, de porter le chapeau dans la Ville ; (c'est à dire d'aller sans compagnon) de coucher hors du Couvent, & même de faire quelque séjour à la Campagne, ou ailleurs. Ils seroient, peut-être, plus sages, & leur nombre plus petit, si on ne les obligeoit pas de faire leurs derniers voeux à l'âge de quatorze ans ; aussi bien que les Réligieuses. La plûpart des Carrosses de Portugal sont des Carrosses coupés, qu'on y porte de France. Il n'y a que ceux du Roy & des Ambassadeurs qui puissent estre atelés avec six Chevaux ou six Mules. Les autres personnes, de quelque Nation ou distinction qu'elles soient, n'en ont que quatre dans la Ville ; mais ils en peuvent mettre cent lorsqu'ils sont hors de l'enceinte. Il n'y a que les jeunes gens qui aillent ordinairement en Carrosse, Car les Dames & les Vieillards se servent de litiéres. Ces deux Voitures ne sont permises qu'aux Nobles, aux Envoyez, aux Résidens, aux Consuls, & aux Ecclésiastiques. Ce qui fait que les plus riches Bourgeois & Marchands se contentent d'une espéce de calèche à deux roües, tirée par un Cheval qu'ils conduisent eux-mêmes. Les Mulets, qui portent les litiéres, sont plus grands, plus fins, & moins chargés d'encoleure que ceux *d'Auvergne*. Le couple vaut ordinairement huit cens Ecus ; & même il y en a qui se vendent jusqu'à douze cens ; sur tout ceux qu'on choisit dans la Province du fameux *Don Guichot*, qui paroît assez éloignée de *Lisbonne*. Les Mules qui tirent le Carrosse viennent de *l'Estramadure*, & le couple vaut cent pistoles, ou environ. Celles dont on se sert

pour

pour la felle, ainfi que les Mulets de charge, & les Chevaux d'Efpagne, font de cent pour cent plus chers qu'en Caftille. Les jeunes Cavaliers fe proménent à cheval dans la Ville, quand il fait beau temps, exprés pour fe faire admirer des Dames, qui, comme les Oifeaux de cage n'ont que la feule liberté de regarder par les trous des *Jaloufies*, les gens qu'elles fouhaiteroient attirer dans leur prifon. Les Moines rantés ne font prefque point de vifite à pied : car leur Couvent entretient une certaine quantité de Mulets de felle, dont ils fe fervent alternativement. Il n'eft rien de fi plaifant que de voir caracoler ces bons Peres dans les rues avec de grands Chapeaux en pain de fucre, & des lunétes qui leur couvrent les trois quarts du vifage. Quoique cette ville foit trés grande, & trés marchande, il n'y a cependant que deux bonnes Auberges Françoifes où l'on mange affez proprement, à trente & cinq fols par repas. Je ne doute pas que le nombre n'augmentât fi les Portugais vouloient donner dans le plaifir de la bonne chére; alors ils ne méprieroient pas, comme ils font, ceux qui la recherchent avec empreffement. Ils-ne fe contentent pas d'avoir en horreur les mets d'un Traiteur, le nom de Cabaret leur eft encore fi odieux, qu'ils ne rendent jamais de vifite aux gens qui campent dans cette Habitation charmante ; fur ce pied-là, Monfieur, vous pouvez confeiller à vos Amis qui feront curieux de voyager en Portugal, & qui voudront faire quelque féjour dans cette Ville,

F 2 de

* Feneftres à treillis, de l'ouverture du petit doigt.

de se mettre en pension chez quelque Marchand François. On peut faire ici très-bonne chére un peu chérement. La volaille *Dalemtejo*, les liévres, les perdrix de *St. Ubal* & la viande de boucherie des *Algarves* sont d'un goût merveilleux. Les jambons de *Lamego* sont plus exquis que ceux de *Mayence* & de *Bayone*; cependant cette viande est tellement indigeste pour l'estomac des Portugais, que sans la consomption qui s'en fait chez les Moines, & chez quelques Inquisiteurs, on ne verroit guére de Cochons en Portugal. Les vins ont du corps & de la force, sur tout les rouges, dont la couleur va jusqu'au noir. Ceux *d'Alegréte* & de *Barra* à *Burra* sont les plus délicats & les moins couverts. Le Roy n'en boit jamais; les gens de qualité n'en boivent presque point, non plus que les Femmes. La raison de ceci est que *Venus* a tant de pouvoir en Portugal, qu'elle a toûjours empêché, par la force de ses charmes, que *Bacchus* prît terre en ce pais-là. Cette Déesse y cause tant d'idolatrie, qu'elle semble disputer au vray Dieu le culte & l'adoration des Portugais, jusques dans les lieux les plus sacrez. Car c'est ordinairement aux Temples & aux processions que les engagemens se font, & que les rendez-vous se donnent. Ce sont les postes * des *Bandarros*, des Courtisanes & d'autres Femmes d'intrigue secréte, qui ne manquent jamais de courir aux Fêtes qu'on célébre,

* Ce sont des fanfarons du génie de Don Guichot, qui ne font autre métier que de chercher des avantures.

lébie, au moins trois ou quatre fois la semaine, tantôt dans un Eglise & tantôt dans l'autre. Ces Avanturiers ont un talent merveilleux pour faire d'un clein d'œil des déclarations d'amour à ces Donzelles, dont ils recoivent la réponse par le même signal ; ce qui s'appelle *Corresponder*. Il ne s'agit ensuite que de découvrir leur Maison en les suivant pas à pas, jusque chez elles, au sortir de l'Eglise ; le fin du tour consiste à pousser jusqu'au Coin de la rue sans s'arrêter, ni sans tourner la tête; dez-que les bonnes Dames sont entrées ches elles, de peur que les Maris ou les Rivaux n'ayent le contrechifre de l'intrigue. C'est au bout de cette rue que la vertu de patience est tellement necessaire aux Avanturiers, qu'ils sont obligez d'attendre deux ou trois heures une servante, qu'il faut suivre jusqu'à ce qu'elle trouve l'ocasion de faire son * *Recado* en toute seureté. Il faut se fier à ces bonnes Confidentes, & même risquer sa vie sur leur parole & sur leur adresse ; car elles sont aussi rusées que fidéles à leurs Maîtresses, dont elles reçoivent des présens, aussi bien que des Amans, & quelquefois des Maris. Les Portugaises cachoient autrefois leurs visage avec le † *Manto* & ne montroient qu'un œil, comme les Espagnoles font aujourd'hui : mais depuis qu'on s'est apperçû que les Villes maritimes étoient

rem-

* Le message, ou le mot du guet pour le rendez-vous.

† *Manto*, voile de tafetas noir qui cachant absolument la taille & le visage, cachoit en même temps bien des intrigues.

remplies d'enfans auffi blonds qu'en France, & qu'en Angleterre, on a comdamné ces pauvres *Mantos* à ne plus s'aprocher du vifage des Dames. Les Portugais ont une fi grande horreur pour les armes d'*Actéon*, qu'ils aimeroient mieux fe couper les doigts que de prendre du tabac dans une Tabatiere de Corne. Cependant cette marchandife s'introduit icy comme ailleurs, malgré le fer & le poifon, qu'on brave inceffamment. Il ne fe paffe guére de mois qu'on n'entende parler de quelque avanture tragique, fur tout à l'arrivée des Flottes d'*Angola* & du *Brezil*. Le fort de la plûpart des gens de Mer qui font ces voyages eft fi fatal, qu'ils trouvent leurs époufes dans des Monaftéres, au lieu de les trouver dans leur Maifon. La raifon de ceci eft, qu'elles aiment beaucoup mieux expier dans ces Prifons, les péchez qu'elles ont commis dans l'abfence de leurs Maris, que d'être poignardées à leur retour. Aprez cela, Monfieur, l'on n'a pas eû grand tort de repréfenter *l'Ocean* avec des Cornes de Taureau. Car, ma foy, prefque tous les gens qui s'expofent au rifque de fes caprices ont à peu prés la même figure. La galanterie eft donc icy trop fcabreufe pour s'y attacher; puifqu'il y va de la vie. On y trouve des Courtifanes dont il faut tâcher d'éviter le Commerce. Car outre le danger de rüiner fa Bourfe & fa fanté, on court celuy de fe faire affommer. Les plus Belles font ordinairement * *Amezadas* par des gens qui les font garder à veue; Cependant, malgré
cette

---

* Amezadas, loüées par mois.

cette précaution, elles se divertissent avec des gens sages aux dépens de ces foux. Ceux-ci sont indispensablement obligez d'entretenir à force de presens l'amour & la fidélité prétendues de ces *Lais*, dont la possession est d'une cherté inconcevable. Les Religieuses reçoivent des visites assez fréquentes de leurs *Devotos*, qui ont plus de passion pour elles que pour les femmes du monde; comme il paroît par les jalouzies, les quérelles, & mille autres désordres que l'amour peut causer entre des Rivaux. Les Parloirs n'avoient autrefois qu'une grille simple, mais depuis que Milord *Grafton* suivi de quelques Capitaines de sa flotte, eut la curiosité de toucher les mains &c. des Réligieuses d'*Odivelas*, le Roy ordonna qu'on mît une double grille aux Parloirs de tous les Couvens du Royaume. Il supprima presque aussitôt le droit des *Devotos* par la défence qu'il fit d'aprocher des Monastéres, sans cause légitime, qu'il est facile de supposer, lorsqu'on est assez fou de soupirer pour ces pauvres filles. Les Portugais ont l'esprit vif, ils pensent hardiment, & leurs expressions égalent assez bien la justesse de leurs idées. Il se trouve chez eux de bons Phisiciens, & bons Casuistes. Le célébre *Camoëns* étoit, sans contredit, un des plus illustres Citoyens du Parnasse. La fécondité de ses belles pensées, le choix de ses paroles, & l'air poli & dégagé avec lequel il a parlé, ont charmé tous ceux à qui la Langue Portugaise est assez familiére. Il est vray qu'il a eû le malheur d'avoir été brocardé par *Moreri* & par quel-

ques

ques Auteurs Espagnols, lesquels n'ayant pû s'empêcher d'avoüer qu'il n'est pas permis d'avoir plus d'esprit que ce Poëte infortuné, l'ont traité d'incrédule & de profane. Un Moine Catalan se récrie sur cent endroits de ses *Luziadas Endechas Estrivillas* &c. en le traitant d'impie & d'évaporé. J'en citeray deux icy. Le premier est la chute d'un sonnet intitulé *Soneto Näo impresso*, où il dit, aprez quelques réfléxions : *Mais o melhor de tudo e crer em Christo.* C'est à dire *aprez tout le plus seur est de croire en Christ.* Le second est aussi la fin d'une *Gloza* ; le voici. *Si Deus se Busca no mundo nesses olhos se achara.* Cela veut dire parlant à une Dame; *si l'on cherche Dieu dans le monde, on le trouvera dans vos yeux.* Les Prédicateurs Portugais élévent leurs Saints presque au dessus de Dieu, & pour leur faire valoir leurs soufrances, ils les logent plûtôt aux Ecuries qu'en Paradis. Ils finissent leurs sermons par des exclamations & des cris si touchans, que les Femmes pleurent & soupirent comme de pauvres désespérées. On tient icy le mot d'Hérétique pour un Titre fort infamant ; la signification en est même trés odieuse. Les Prêtres & les Moines ont autant d'horreur pour *Calvin*, à cause de la Confession retranchée, que les Religieuses ont d'estime pour *Luther*; à cause de son mariage monasterizé ; On a fait icy des processions tous les Vendredis du Carême d'un bout de la ville à l'autre. J'ay vû plus de cent Disciplinans vêtus de blanc, lesquels ayant le visage couvert & le dos nû, se fouétoient de si bonne grace que le sang rejailliſſoit ſur le viſage des Femmes, qui étoient aſſiſes le long des Rues, exprez pour chanter poüille aux moins enſanglantés. Ils étoient ſuivis d'autres Maſques portant des Croix, des Chaînes, & des faiſſeaux d'Epées d'une peſanteur incroyable. Les Etrangers ſont preſque auſſi jaloux que les Portugais. Ce qui fait que leurs Femmes craignent de ſe montrer aux meilleurs amis de leurs Epoux. Ils affectent de ſuivre la ſévérité Portugaiſe avec tant d'exactitude, que ces Captives n'ozeroient lever les yeux. Cela n'empêche pas que le malheur, dont ils tâchent de ſe préſerver, ne leur arrive ſouvent, malgré leurs précautions. On voit icy des gens de toutes ſortes de couleurs, des noirs, des mulâtres, des bazanez, des olivâtres. Mais la plûpart ſont *Triquenhos* c'eſt à dire de la couleur de bled. Ce mêlange de teints différens fait voir que le ſang eſt ſi mêlé dans ce Royaume, que les véritables blancs y ſont en trés-petit nombre. Ce qui fait qu'on ne ſçauroit plus noblement exprimer, *Je ſuis homme ou femme d'honeur*, qu'en ces termes, *eu ſon Branco* ou *Branca* qui ſignifie, *je ſuis blanc ou blanche*. On peut marcher dans la ville nuit & jour, ſans craindre les filoux. On trouve, juſqu'à trois ou quatre heures aprés minuit, des joueurs de Guitarre, qui joignent à la douceur de cet Inſtrument des airs auſſi lugubres que le *de Profundis* ; Les danſes du menu Peuple ſont indécentes par les geſtes impertinens de la teſte & du ventre. La Muſique inſtrumentale des Portugais choque d'abord l'oreille des Etrangers, mais au fond elle a quelque chose d'agreable, & qui plaît lors qu'on y est un peu acoutumé. Il n'en est pas de même de leur Musique vocale, car elle est si rude, & ses dissonances sont si mal suivies que le chant des Corneilles est plus mélodieux. Tous les motets qu'ils chantent dans les Eglises, sont en langue Castillane ; aussi bien que leurs Pastorales, & la plûpart de leurs Chansons. Ils tâchent d'imiter les maniéres des Espagnols, autant qu'il leur est possible ; même jusqu'au Cérémoniel de leur Cour, auquel on se conforme si ponctuelement, que les Ministres seroient au désespoir d'en retrancher les moindres formalitez. l'Habit de Cérémonie du Roy & des Seigneurs est semblable à celui de nos Financiers, étant composé d'un just-au-corps noir, acompagné d'un Manteau de même couleur, d'un grand colet ou rabat de point de Venise, d'une perruque longue avec l'épée & la dague. On donne aux Ambassadeurs le Titre *d'Excellencia*, & aux Envoyez & Residens celui de *Senhoria*. Le port de Lisbone est grand, seur & commode, quoique l'entrée en soit extrémement difficile ; les vaisseaux mouillent dans le Tage entre la Ville & le Château *d'Almada* à 18. brasses d'eau sur un fond de bonne tenue. Cette Riviére, que les Portugais appellent, *O Rey dos riôs* c'est à dire le Roy des Riviéres, a prez d'une lieüe de largeur dans cet endroit là ; où la marée monte ordinairement 12. pieds à pic, & plus de dix lieües en avant vers sa source. Il est expressement deffendu à tous Capitaines de Vaisseaux de guerre & Marchans, étrangers ou de la Nation

tion de faluer la ville au bruit du Canon, ni même d'en tirer un feul coup fous quelque prétexte que ce puiffe être. Les Confulats de France, d'Angleterre & de Hollande rendent cinq ou fix mille livres de rante aux Confuls de ces trois Nations, qui trouvent outre cela le moyen d'en gagner autant par le commerce qu'ils font. Voilà, Monfieur, tout ce que je puis vous aprendre aujourd'hui de ce beau païs qui feroit, à mon avis, un Paradis terrestre, s'il eftoit habité par des Païfans moins gentishommes que ceux-ci. Le Climat eft charmant & merveilleux, le ciel clair & ferain, les eaux merveilleufes, & l'hiver fi doux que je ne me fuis pas encore aperçû du froid. Les gens y vivent des fiécles entiers fans que le faix des années les incommode. Les Vieillards n'y font point acablez d'infirmitez, comme ailleurs, l'appetit ne leur manque point, & leur fang n'eft pas fi deftitué d'efprits, qu'ils ne puiffent donner quelque fois à leurs Epoufes des marques d'une fanté parfaite. Les fiévres chaudes font du ravage en Portugal, & les maux vénériens y régnent avec tant d'humanité que perfonne ne cherche à s'en deffaire. Le mal de * *Naples*, qu'on dit être le plus en vogue, tourmente fi peu les gens qui le confervent, que les Médecins mêmes qui l'ont fe font fcrupule de le chaffer, parce qu'il s'obstine à revenir toûjours à la charge. Les Officiers de juftice ont un air de fierté & d'arrogance infuportables, fe voyant authorifez d'un Roy tres févére Obfervateur des Loix. C'eft

F 6 ce

* C'eft à dire le gros mal; ou bien *le mal de qui l'a*.

ce qui les encourage à chercher noise au peuple, dont ils reçoivent assez souvent de cruelles aubades. Il y a quelque temps que le Comte *De Prado*, gendre de Mr. le Maréchal de Villeroy, prit la peine d'envoyer à l'autre monde un insolent * *Corrigidor*, qui se seroit bien passé de faire ce voyage. Ce Gentilhomme, qui étoit en carosse avec son Cousin, rencontra prez d'un coin de rüe cet Officier de Justice, monté comme un St. George, & par malheur si fier de son Employ qu'il ne daigna pas rendre le salut à ces deux Cavaliers. Je vous ay déja dit que les Seigneurs Portugais sont les gens du monde les plus vains; sur ce pied vous ne serez pas surpris que ceux-ci soient décendus de Carrosse & qu'ensuite le Comte *De Prado* ait fait faire au *Corrigidor* le sault de la vie à la mort, dès qu'il eût sauté de son cheval à terre. Un François diroit que le mépris ou l'inadvertance de cet Intendant ne méritoit pas un traitement si rude : mais les Titulaires Portugais, lesquels se couvrent devant le Roi, n'en conviendront pas; quoiqu'il en soit, ils se sauvérent chez Mr. Sablée *d'Etrées*, qui les fit passer en France dans une Frégate de *Brest*. Au reste, Voicy l'état des Forces du Roy de Portugal; 18. mille hommes d'Infanterie, 8. mille de Cavalerie, & 22. Vaisseaux de guerre, sçavoir,

4. Vaisseaux depuis 60. Canons jusqu'à 70.
6. Vaisseaux depuis 50. Canons jusqu'à 60.
6. Vaisseaux depuis 40. Canons jusqu'à 50.
6. Fregates depuis 30. Canons jusqu'à 40.

Vous

* C'est à dire, Intendant ou Juge de Police.

ET DE DANEMARC. 133

Vous remarquerez que ces Bâtimens font un peu legers de bois, d'une bonne construction, & d'un beau gabarit étant raz pinces & de façons bien evidées. Les Arfenaux de Marine font en mauvais ordre, & les bons Matelots font auſſi rares en Portugal, que les bons Officiers de Mer, parce qu'on n'a pas eû le foin de former des Claſſes de Mariniers, d'établir des Ecoles d'ydrographie, & de pourvoir à mille autres choſes néceſſaires, qui feroient de trop longue difcuſſion. On accuſe les Portugais d'être un peu lents à manœuvrer; & d'être moins braves par mer que par terre.

Les Capitaines de Vaiſſeaux ont en général 22. *patacas* par mois, & leur table payée lors qu'ils font en mer, avec quelques profits.

Les Lieutenans ont 16. *Patacas* par mois.
Les Enſeignes ont 10. *Patacas* par mois.
Les bons Matelots ont 4. *Patacas* par mois.

Les Capitaines d'Infanterie ont de folde & de revenant bon en paix comme en guerre, environ 25 *Patacas* par mois.

Les Aluſieres, qui font des eſpéces de Lieutenans, 8 *Patacas*.

Les Soldats environ 3. Sous de nôtre monnoye par jour.

Les Capitaines de Cavalerie ont de folde & de revenant bon en temps de Paix environ 100. *Patacas* par mois.

Les Lieutenans ont à peu prés 30. *Patacas* par mois.

F 7   Les

Les Maréchaux de Logis prés de 15. *Patacas* par mois.

Les Cavaliers ont le fourrage & 4. Sous par jour.

A l'égard des Officiers Généraux de Terre & de Mer, on auroit de la peine à sçavoir au juste à combien leurs apointemens ont açoutumé de monter. Car le Roy donne des pensions aux uns, & des Commanderies aux autres, ainsi qu'il le juge à propos Les Colonels, les Lieutenants Colonels, & les Majors d'Infanterie, les Mestres de Camp de Cavalerie, & les Commissaires, n'ont point aussi de paye fixe. Les uns ont plus, les autres moins; cela dépend des quartiers où sont leurs Troupes, & de la quantité de leurs Soldats ou Cavaliers. Ces troupes sont mal disciplinées les Habits des Cavaliers & des Fantassins ne sont point uniformes; les uns sont vestus de gris, de rouge, de noir; les autres de bleu, de vert &c. leurs armes sont bonnes & les Officiers ne se soucient guére qu'elles soient luisantes, pourveu qu'elles soint en bon état; quoiqu'il en soit, on auroit de la peine à croire que ces Troupes firent des merveilles contre les Espagnols pendant les derniéres guerres : il falloit apparemment qu'elles fussent mieux réglées en ce temps-là qu'elles ne sont aujourd'huy, & que l'usage des guitarres les occupât moins qu'il ne fait à present. Voici en quoy consistent les Monoyes du Païs.

La Piastre d'Espagne ou Piéce de Huit, que les Portugais appellent *Pataca*, vaut comme l'écu de France. 750. Reis.

ET DE DANEMARC. 135

Les demi & les quarts valent à proportion.
Un Reis est un denier, comme je l'ay déja dit.
Un Vintain qui est la plus petite monnoye d'argent vaut. 20. Reis.
Un Teston vaut. 5. Vintains.
Le demi Teston à proportion.
Une Cruzada vieille vaut 4. Testons & 4 Vintains.
Une Cruzada nouvelle vaut 4 Testons.
La Mœda d'Ouro, qui est une Piéce d'or vaut 6 Patacas, & 3 Testons
Les demi-Mœdas & les quarts valent à proportion.
Les Louïs d'or vieux ou neufs valent également 4. Piastres, moins 2. Testons.
Les demi & les quarts à proportion.
Les Pistoles d'Espagne de poids valent aussi 4. Piastres, moins 2. Testons.
Surquoy il y a du profit à tirer en les envoyant en Espagne, où elles valent justement quatre Piastres.

L'Efigie du Roy de Portugal ne paroît sur aucune de ces Monnoyes, & l'on ne fait point icy de diférence entre les Piastres de *Feüille*, du *Mexique* & du *Perou*, comme on fait ailleurs.

Au reste, vous remarquerez qu'aucune Monnoye de France n'a cours icy, si ce n'est les Ecus, les demi, & les quarts.

Les 128 ℔ de Portugal, pésent un quintal de Paris, composé de 100 ℔ .... Le *Cabido* est un mesure qui excedant la demi aulne de *Paris* de 3. pouces & 1 ligne a justement 2. pieds de France 1 pouce & 1 Ligne. La *Bara* est une autre mesure ; il en

faut

faut six pour faire dix *Cabidos*. La lieüe de Portugal est composée de 4200. pas géometriques de cinq pieds chacun. Je ne vous parleray point des intérêts du Roy de Portugal, puisque je ne veux point entrer dans les affaires de la Politique. D'ailleurs, je vous ay dit que je ne prétendois vous écrire autre chose si ce n'est des Bagatelles qu'on ne s'est jamais avisé de faire imprimer. Sans cela, je vous enverrois un détail des diférens Tribunaux ou Siéges de Justice, & quelques échantillons des Loix de ce Royaume. Je vous aprendrois que ce Parlement & cet Archêvêché font un des plus beaux Ornemens de cette Capitale; que les Bénéfices Ecléfiastiques font d'un grand revenu; qu'il n'y a point d'Abayes Commendataires; que les Réligieux ne font pas si bien rantez qu'on s'imagine, & qu'ils ne font pas trop bonne chere. Je vous dirois encore que l'Ordre du Roy s'appelle *l'Habito de Christo*, si Madame *de Launoy* ne vous l'avoit apris en racontant son admirable institution. Je me contenteray d'ajoûter seulement que le nombre des Chevaliers de cet Ordre surpasse extrémement celuy de ses Commanderies, lesquelles font de trés-peu d'importance. Je me borne à présent aux faits que cette Lettre contient. Peut-être pourrai-je revenir encore une fois dans cette Ville Royale, d'où je compte de partir incessamment, pour aller vers les Royaumes du Nord; en attendant qu'il plaise à Monsieur de *Pontchartrain* d'aller en Paradis, ou de rendre justice à celuy qui vous sera toûjours plus qu'à luy, Trés humble &c.

A Lisbone ce 10. Avril 1694.   Mon-

MONSIEUR,

JE partis de Lisbone le 14. d'Avril, aprez avoir fait marché avec un Capitaine de Vaiſſeau Portugais, qui s'engagea de me porter à Amſterdam, pour trente Piaſtres. J'eus en même temps la précaution de me pourvoir d'un Paſſeport du Réſident de Hollande, afin qu'on ne m'arrêtât pas en paſſant dans ce païs-là. Je décendis enſuite en bâteau juſqu'au lieu nommé *Belin*, qui n'eſt éloigné de Lisbonne que de deux lieües ſeulement. C'eſt dans ce petit Bourg que tous les Vaiſſeaux Marchans qui vont & qui viennent, ſont obligez de * raiſonner au grand Bureau, d'y porter leurs Factures, & leurs Connoiſſemens afin de payer les droits de leurs Cargaiſons. Le 16. nous ſortîmes de la Riviére du Tage, en ſuivant le ſcillage d'une Flotte de la Mer Baltique éſcortée par un *Lubekois* nommé *Creuger* anobli par le Roy de Suéde, quoiques matelot d'origine, & qui montoit alors un Vaiſſeau de guerre Suédois de 60. Canons. Nous paſſâmes la barre par le grand *Chenail*, appellée la grande † *Paſſe*, ſituée entre le fort de *Bougio* & les *Cachopas* qui eſt un grand Banc de ſables & de roches de trois quarts de lieües de longueur, & d'une demie de largeur; ſur lequel il eſt dangéreux d'être porté par les marées, lors qu'il fait calme. Vous remarquerez que nous aurions

* C'eſt à dire de montrer leurs Paſſeports, & leurs Connoiſſemens.

† Paſſe c'eſt un Chenail ou paſſage entre deux Bancs ou deux Iles, &c.

rions pû passer entre ce même Banc & le Fort saint Julien, situé du côté du Nord ou de Lisbone, vis à vis de celui de *Bougio*, si nous eussions eû des Pilotes du lieu ; mais comme nôtre Capitaine Portugais suivoit la Flotte dont je vous parle, il étoit inutile de chercher cette derniere route. Nous ne fûmes pas plûtôt au large en pleine mer, au milieu de cette Flotte du Nord, que le brutal Commandant qui la convoyoit, arrivant sur nous à pleines voiles envoya un coup de Canon à boulet à l'avant de nôtre Vaisseau, & qu'il détacha son Lieutenant pour signifier à nôtre pauvre Patron qu'il eût à payer sans cesse deux Pistoles pour la canonade, & à s'éloigner aussitôt de sa Flotte, à moins qu'il ne voulût payer cent Piastres pour le droit d'escorte ; ce qu'il refusa de trés bonne grace. Laissons cette affaire à part, afin de vous dire que la barre de Lisbonne est inaccessible pendant que les gros coups de vent d'Ouest & de Sud-Ouest souflent avec impétuosité : Ce qui n'arrive ordinairement qu'en hyver. Ajoûtons à cela que les vents de *Nord* & de *Nord-Est* y régnent huit mois de l'année, avec assez de modération. Ce qui fut cause que nôtre navigation, depuis l'embouchûre du *Tage*, jusqu'au Cap de Finisterre, fut plus longue que celle qu'on fait le plus souvent de l'Ile de Terre-Neuve en France. Je n'ay jamais vû de vens plus obstinez que ceux-là. Cependant nous en fûmes quittes pour louvoyer le long des Côtes, dont nos Portugais n'ozérent s'éloigner à cause des *Salteins* qu'ils craignent plus que l'en-

l'enfer. Enfin, nous gagnâmes le Cap de *Finistere* après 18. ou 20 jours de Navigation. Ensuite, les vents s'étant rangez au Sud-Ouest, nous en profitâmas si bien qu'au bout de 10. ou douze jours nous reconûmes l'Ile de *Garnezei* ; Il est vray que sans le Pilote François qui conduisoit le Navire, nous eussions donné plusieurs fois aux Côtes de la * *Manche*. Car il faut que vous sachiez que les Portugais ne connoissent point ces Terres, par le peu d'habitude qu'ils ont dans les Mers du Nord. Ce qui fait qu'ils sont obligez de se munir en Portugal de Pilotes étrangers, lorsqu'ils s'agit d'aller en Angleterre ou en Hollande. Le jour que nous découvrîmes cette Ile, deux gros Vaisseaux Anglois chassant sur nous à pleines Voiles, gagnérent nôtre bord en trois ou quatre heures. L'un étoit de guerre du port de 60. Canons, & l'autre un Capre de 40. piéces, dont le Capitaine nommé *Couper*, avoit aussi les inclinations naturelles de couper les bourses ; comme vous verrez. Ils ne furent pas plûtôt à bord de nôtre Vaisseau, qu'il falut amener & mettre la Chaloupe à l'eau ; ce qui fit que je m'embarquay pour porter au Commandant, apellé Mr. *Tonzein*, le passeport du Résident de Hollande, que je pris à Lisbonne. Celui-ci me fit toutes les honêtetez possibles, jusque-là qu'il me jura que toutes mes hardes seroient à l'abri de la rapine du dit Couper, qui, selon les principes des gens de son métier, prétendoit me piller, avec aussi peu de scrupule
que

---

* Ou Canal Britannique.

que de miséricorde. Cependant, la visite de nôtre Vaisseau ne pouvant se faire qu'à la rade de *Garnezei*, on l'y conduisit le même jour; & dez-que nous eûmes tous moüillé l'ancre, les deux Capitaines Anglois descendant à terre envoyérent des Visiteurs à nôtre Bord, pour tâcher d'avérer si les vins & les eaux de vie de nôtre cargaison étoient du cru de France, ou pour le compte des François; ce qu'il fut impossible de prouver, aprez quinze jours de recherche & de perquisitions, comme je l'apris hier à Lubec. Il est question de vous dire que ce fâcheux contretemps me fit résoudre à m'embarquer cinq ou six jours aprez dans une Frégate Zélandoise, de * *Zériczée*, aprez avoir fait présent au Capitaine *Tanzein* de quelques Barrils de vin *d'Allegréte*, d'une Caisse d'oranges, & de quelque vaisselle cizelée † *d'estremos*, en reconnoissance de sa bonne chére & du bon traitement qu'il daigna me faire à son Bord, comme à terre. Ce second embarquement me fut plus favorable que le premier; car j'arrivay le 3. jour de navigation à *Zériczée*, d'où je m'embarquay dans une *Semaque* de passage qui me porta jusqu'à *Roteraam* entre les Iles, à la faveur du vent & des marées. Cette derniére Ville est grande, belle, & trés marchande; j'eus le plaisir de voir en deux jours le Collége de la *Meuse*, les Arsenaux

* Ville des Zélandois.
† Ville presque frontiére de Portugal à l'Estramadure.

naux de Marine, & la grande Tour que l'induſtrie d'un Charpentier ſceut remétre dans ſon aſſiéte perpendiculaire, dans le temps que la pente de cet Edifice monſtrueux faiſoit craindre qu'il ne tombât ſur la ville. Je vis auſſi la Maiſon du fameux *Eraſme*. aprez avoir conſidéré la beauté du Port, ou de la *Meuſe*, dont l'entrée eſt tout à fait dangéreuſe, à cauſe de queiques bancs de ſable qui s'étendent aſſez loin dans la pleine mer. Au reſte, le Commerce de *Roterdam* eſt trés-conſidérable, & les Marchans ont la facilité de faire venir leurs Vaiſſeaux aux portes de leurs Magazins par la commodité des Canaux, dont cette grande Ville eſt entrecoupée. Deux jours aprez à cinq heures du matin, je me ſervis d'une eſpéce de Coche d'eau pour aller *Amſterdam*. C'eſt un Bateau couvert à varangue platte, long & large, dans lequel il régne un banc de chaque coſté de proue à poupe; un cheval eſt ſuffiſant pour tirer cette Voiture, avec laquelle on fait une lieüe par heure, moyennant 3. ſols & demi de nôtre monnoye par lieüe. Ils partent à toute heure pleins ou vuides, pour toutes les principales Villes de Hollande; mais il faut ſouvent traverſer des villes pour changer de voiture. Je traverſai celles de *Delft*, de *Leide*, & de *Harlem* qui me parurent grandes, belles & propres, enſuite j'arrivay à *Amſterdam* ſur le ſoir, aprez avoir navigué douze lieües ſur des Canaux bordés de bois, de prairies, de jardins, & de Maiſons d'une beauté ſinguliere. Dez-que je fus fûs à l'Auberge, mon Hôte me donna un Conducteur, qui me fit voir en sept ou huit jours tout ce qu'il y a de plus curieux dans cette florissante Ville ; quoique je l'eusse pû faire en trois ou quatre jours, s'il eût été possible de trouver des Carrosses de louage, comme à Paris, ou ailleurs. Elle est belle, grande, & nette. La plûpart des Canaux sont bordés de trés-jolies Maisons, il est vray que l'eau croupissant dans ces grands Reservoirs, sent mauvais au temps des grandes Chaleurs. Les Maisons sont presque uniformes, & les Rues tirées au cordeau. *l'Hôtel de Ville* est bâti sur des Pilotis, quoique cette masse de pierre soit extrémement pesante. Elle est enrichie de plusieurs belles piéces de Sculpture & de Peinture, & même ornée de quelques Tapisseries de haut prix. On y voit des pierres de marbre, de jaspe, & de porphire, d'une beauté achevée, mais ce n'est rien en comparaison des écus qui moisissent sous les voûtes de ce monstrueux Edifice. La *Maison de l'Amirauté* est encore une bonne piéce, aussi bien que son Arsenal. Le *Port*, qui n'a guére moins d'un grand quart de lieüe de front, étoit si couvert de navires, qu'on eût pû sauter des uns aux autres assez facilement. Je vis quelques Temples assez curieux, sans compter la *Synagogue* des véritables Juifs, qui y ont l'exercice public de leur vénérable Secte, en consideration de son ancienneté. Les Eglises Catholiques, Lutheriénes, &c. y sont tacitement tolérées & l'on y prie Dieu à portes fermées, sans cloches ni carrillons. J'eus le plaisir de voir aussi si les Maisons des Veuves & des Orphelins, & même celles des Scélerats & des Pécheresses qui travaillent sans cesse, pour l'expiation de leurs pécadilles. La *Bourse* est une Piéce d'Architecture assez grande pour contenir 8000 Hommes. Mais, ce que j'ay vû de plus superbe, ce sont dix ou douze Maisons de *Musicos*, ainsi nommées à cause de certains Instrumens de musique pitoyablement animés, au son desquels un tas de Coureuses font donner dans le piége, les gens qui ont le courage de les regarder sans leur cracher au visage. Elles s'attroupent dans ces Serrails, dez-qu'il est nuit. Dans les uns on joüe des Orgues, & dans les autres du Clavessin, ou de quelques autres Instrumens estropiez. On voit dans une grande Chambre de plein pié, ces hideuses Vestales habillées de toutes piéces, & de toutes couleurs, par le secours des Juifs, qui leur loüent des coëfures & des habits, qu'ils ont conservé pour cet usage de pére en fils, depuis la destruction de *Jerusalem*. Tout le monde y est fort bien reçû, moyennant dix ou douze sous qu'il faut payer, en entrant, pour un verre de vin, capable d'empoisonner un Eléphant. On voit entrer un gros Matelot sa pipe à la bouche, ses cheveux gluans de sueur, & sa culote de gouldron colée sur les cuisses; faisant des S jusqu'à ce qu'il tombe au pieds de sa Maîtresse. Ensuite il entre un Laquais demi saoul, qui vient chanter, danser & boire de l'eau de vie pour se desenyurer. Celui-ci est suivi d'un soldat qui tempête & fulmine à faire trembler ce Palais; ou d'une Troupe d'Avanturiers, qui portent le manteau sur le nez, pour faire le diable à quatre, & se faire assommer de cinquante Coquins plus brutaux que des Anes. Enfin, Monsieur, c'est un amas de toutes sortes de Vauriens, qui, malgré l'odeur insuportable du tabac & du pied de messager, demeurent dans ce Cloaque jusqu'à deux heures aprés minuit, sans rendre tripes & boyaux. C'est tout ce que j'en sçay pour le présent. Je vis quelques Marchans François Catholiques en passant par cette fameuse Ville, dont les principaux sont les Sieurs de *Moracin* & *Darreche* Bayonois, & gens de mérite & de probité, qui ont aquis déja beaucoup de bien & de réputation. On m'a dit qu'il y avoit aussi un trés-grand nombre de Réfugiez, entre lesquels il s'en trouvoit qui ont établi des Manufactures, où les uns se sont enrichis, & les autres entiérement ruinez. Ceci prouve que le Refuge a été favorable aux uns, & fatal aux autres. En effet, il est constant que tel a porté de l'argent en Hollande, s'y voit misérable aujourd'hui, & tel autre qui n'avoit pas un obole en France, s'est fait Crésus dans cette République. Il me reste à vous dire, qu'il n'est point de Païs au monde, où les bonnes Auberges soient plus chéres qu'en celui-là. On y fait payer le lit & le feu à proportion des repas, dont on paye un demi *Ducaton* qui vaut 4. Sols de France, sur le pied du change présent. De sorte que pour le souper, le dîner, le lit, & le feu du Maître & du Valet, il en coûte au moins 8. florins de nôtre Monnoye. Voicy en quoy consistent celles de Hollande.

Un

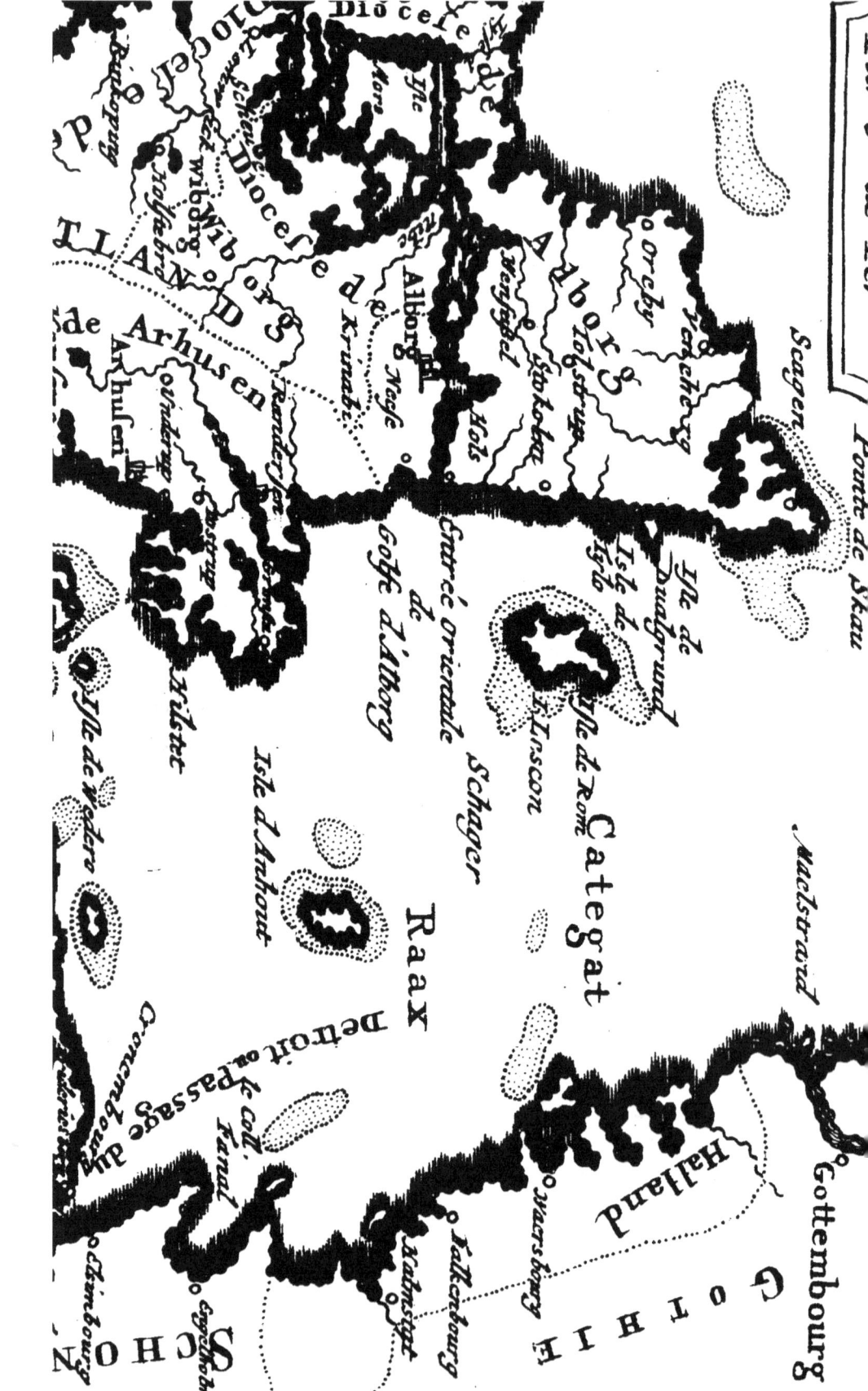

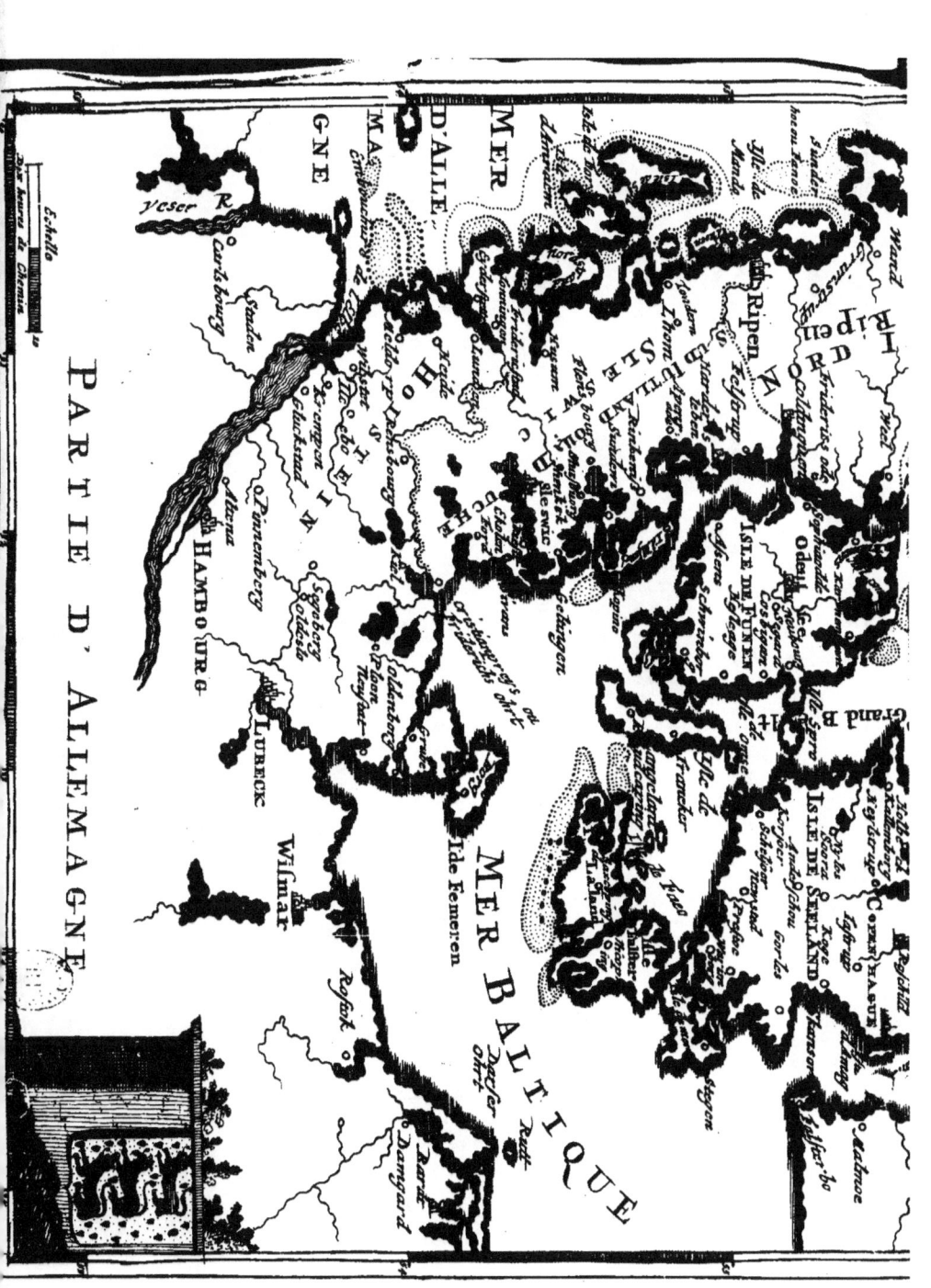

Un *Ducaton* vaut 3. Florins 3. sous. Un Écu blanc 50. Sous une Livre 20. Sols. Un Scalin 6 Sols. 1 Sol 16. Deniers.

Voici quelques mesures de Hollande.
La lieüe a prez de 3800. pas Géométriques.
L'aune est d'un pied 10. pouces, & 2. lignes de France.
La ℔ est égale à celle de Paris.
La pinte est égale à la Chopine de Paris.
C'est tout ce que je puis vous dire de ce Pais-là.

Quand je partis d'*Amsterdam* pour aller à *Hanbourg*, je pris la voye la plus douce, & la moins chére, qui est celle de l'eau. J'avois résolu d'arrêter une place dans le Chariot de Poste; mais on m'en détourna d'abord, à cause des risques que j'aurois courû d'être arrêté sur les Terres de quelques Princes d'Allemagne, où l'on est obligé de montrer ses Passeports, ce conseil épargna ma bourse, & ma personne. Car il m'en eût coûté quarante écus par cette voiture, pour maître & valet; au lieu que j'en fus quitte pour 5. dans le *Boyer* où je m'embarquai: Il en part deux toutes les semaines pour Hambourg expressément, pour y porter des Passagers, qui peuvent louer de petites Cahutes ménagées dans ce Bâtiment, pour la commodité des gens qui veûlent être en particulier. Ces *Boyers* seroient tout-à-fait propres à naviguer dans le Fleuve Sr. *Laurent* par la côte du Sud, depuis son Embouchûre jusqu'à *Quebec*, & sur tout de *Quebec* jusqu'à *Monreal*. Ils seroient

G meil-

meilleurs que nos Barques pour cette navigation, par cinq ou six raisons, que je vous expliquerai. Premiérement, ils callent la moitié moins que nos Barques de même port ; ils presentent à 4 quarts de vent ; on les navigue à peu de frais, c'est à dire avec moins d'*Agrez* & *Apparaux*, & de matelots que nos Barques. Ils peuvent * *Virer de bord* d'un clein d'œil ; au lieu qu'il faut cinq ou six minutes à nos Barques pour cette maneuvre. Ce qui fait qu'elles donnent quelquefois à la côte en † refufant. Ils peuvent toucher fur le fable & fur le gravier fans risque, estant construits à Varangue demi platte ; pendant que nos Barques qui font pincées & de façons évidées ne sçauroient échouer fous voiles fans se brizer. Voilà Montes les avantages que ces Bâtimens ont fur les nôtres, ainsi vous pouvez hardiment écrire aux Marchans de la Rochelle qui font le Commerce de Canada, que ces Boyers leur feroient d'une trés grande utilité dans ce Païs là ; & vous les obligerez de leur en donner en même temps les dimensions suivantes, qui font les principales de celui dans lequel je m'embarquai, & qui est un des plus petits qu'on fasse en Hollande. Il avoit 42. pieds de longueur, depuis l'étrave jufqu'à l'étambord, fur 10.
piez

* *Virer de bord* c'est changer de bord, lorsqu'on louvoye, c'est à dire metre la proue & les voiles au contraire de ce qu'elles étoient avant que de virer de bord.

† *Refufer* c'est quand un Batiment ne veut pas tourner au vent, lorsqu'il est question de virer de bord, en préfentant la proüe, presque au même endroit où il avoit la poupe.

piez de Bau. Le fonds de cale avoit 8. piés de large, & cinq de creux, ou environ. La Cabane de proüe avoit six piés de longueur; elle estoit accompagnée d'une petite cheminée dont le Tuyau sortoit sur le pont, au pied du virevaut. Celle de poupe étoit de même grandeur, & son tillac étoit élevé de trois piés au dessus du Pont; La barre de son éfroyable Gouvernail passoit sur la route de cette Cahute. Ce petit Bâtiment sans façons, avoit des *Varangues* presque aussi plattes que les *Chalands* de la Seine. L'estrave avoit cinq pies de queste, & l'estambord environ 10 pouces. Son Vibord estoit à peu prés d'un pié & demi d'élévation; son mât avoit plus de 30. piés de haut, sur 10. pouces de diamétre; sa voile avoit à peu prés la figure d'un Triangle rectiligne. Il avoit des *seméles*, qui sont des espéces d'ailes, dont les Charpentiers connoissent fort bien l'utilité. Enfin, pour en être mieux éclairci, vous pouvez écrire en Hollande, d'où l'on pourra vous en envoyer un modéle en bois; Car, quelque description que je vous en fasse, les Charpentiers François n'y connoîtront presque rien. Il en est de ceci comme de certains instruments de Mathématique, ou d'autres Machines, dont les plus habiles gens ne sçauroient s'en faire une idée juste, à moins qu'ils ne les voyent.

Cette navigation *d'Amsterdam* à *Hambourg*, se fait par les *Wat*, c'est à dire entre la terre ferme & une chaîne d'Iles situées à deux ou trois lieües au large, autour desquelles la marée monte & décend, comme ailleurs.

Vous remarquerez qu'il y a des *Chenaux* entre ces Iles & la Terre ferme, qui sont plus profonds que le reste du Terrain, qu'on découvre à droit & à gauche, lequel asséche toutes les marées. Il est aisé de suivre ces Chenaux par le moyen de certaines *Balizes*, ou *Arbrisseaux*, plantées sur le sable de distance à autre. Dez-que la marée est à demi haute, on peut lever l'ancre, en suivant ces Chenaux, quoiqu'ils serpentent extrémement; & même il est facile de lauvoyer à la faveur du Courant, quand le vent est contraire, jusqu'à ce que la Mer vienne au point d'estre presque basse. Car alors il faut que le Bâtiment échoue sur le sable, & demeure ensuite tout à fait à sec. Je vis plus de trois cents *Boyers* plus grands que le nôtre, durant le cours de cette navigation, qui me paroît aussi seure que celle d'une Riviére, à la réserve d'un trajet de 10. lieües, qu'on est obligé de faire en pleine mer, depuis la derniere Ile jusqu'à l'embouchûre de *l'Elbe*. Les marées montent 3. brasses à pic, depuis l'entrée de cette Riviére jusqu'à *Lauxembourg* situé à dix ou douze lieües au dessus de *Hambourg*; ce qui fait que les Vaisseaux de guerre peuvent aisément monter jusqu'à cette derniére Ville.

Cette navigation *d'Amsterdam* à *Hambourg*, se fait ordinairement en sept ou huit jours, parceque les vents d'Ouest régnent les trois quarts de l'année dans ces parages là. Mais nôtre voyage n'en dura que six, quoique nôtre Patron fût obligé de perdre une marée

pour

HAMBOURG

pour aller * *raisonner* à la ville *d'Estade* située à une lieüe de l'Elbe, où les Bâtimens doivent payer le péage au Roy de *Suéde*, à la réserve des *Danois*, qui pourroient avoir autant de droit d'en exiger un semblable, s'ils vouloient se prévaloir des moyens qu'ils trouveroient de fermer le passage de cette Riviére avec les Canons de *Glucstat*. L'Elbe a une grande lieüe de largeur vers son Embouchure, & sa profondeur est suffisante pour les Vaisseaux de cinquante à soixante piéces dans le *Chenail*, au temps des marées de la pleine & de la nouvelle Lune. J'avoüe que l'entrée de cette Riviére est très dificile, & par conséquent dangereuse, à cause d'une infinité de sables mouvans qui la rendent inaccessible de † *non veüe*, aussibien que la nuit, malgré la précaution qu'on a eu de construire une Tour de bois un peu avant dans la Mer, pour y faire des feux qu'on découvre d'assez loin. *Hambourg* est une grande Ville irrégulierement fortifiée de gazon. Je ne vous parle point du Gouvernement Démocratique de cette ville Anséatique, non plus que de ses dépendances; car il est à croire que vous n'ignorez pas ces sortes de choses, dont les Géographes traitent si amplement. Je me contenterai de vous dire qu'elle est considérable par son commerce, comme il est aisé d'en juger pour peu qu'on considére l'avantage de sa situation. Elle fournit presque toute la Haute Allemagne,

de

---

* *Raisoner*. C'est à dire produire ses passeports & ses Factures, & payer ensuite les droits.

† *Non veüe*, temps obscur couvert de Broüillards.

de toutes sortes de marchandises étrangeres, par la commodité de *l'Elbe*, qui porte des bâteaux plats de 200. Tonneaux jusqu'au dessus de *Dresde*, & même on peut dire que cette Ville est d'un grand secours à l'Electeur de *Brandebourg*, puisque ces mêmes Bateaux montent jusques dans *l'Aprée* & dans quelques autres Riviéres des États de ce Prince. Les Marchans de *Hambourg* trafiquent dans toutes les parties du Monde, à la reserve de l'Amérique ; ils envoyent peu de Vaisseaux aux Indes Orientales, & dans le fonds de la Méditerrannée, mais beaucoup en Afrique, en Moscovie, en Espagne, en France, en Portugal, en Hollande, & en Angleterre, & même ils ont deux Flotes qui font le Commerce *d'Arcangel*, où elles se trouvent annuellement à la fin des mois de Juin, & de Septembre. Cette petite République entretient quatre Vaisseaux de guerre de cinquante Canons, & quelques Frégates legéres, qui servent à convoyer les Vaisseaux destinez pour la Méditerranée, ou pour les Côtes de Portugal & d'Espagne, où les *Mores* ne manqueroient pas de les enlever, s'ils naviguoient dans ces Mers-là sans escorte. Cette Ville n'est ni belle ni laide, mais la plûpart des Rues sont si étroites, que les Carrosses sont obligés d'arrêter ou de reculer à tout moment. On s'y divertit assez bien. On y trouve ordinairement des Troupes de Comédiens François ou Italiens, & même un *Opera* Allemand, dont la Maison, le Théatre & les décorations ne cédent en rien aux plus beaux de l'Europe. Il est vray que les Habits des Acteurs sont aussi hétéroclites que leurs airs ; mais on peut se dédommager par la simphonie qui paroit assez bonne. Les environs de *Hambourg* sont tout à fait beaux, pendant l'Eté, à cause d'une infinité de Maisons de Campagne qui sont ornées de jardins trés-jolis, & trés-curieux, où les Arbres fruitiers qu'on y voit en trés grand nombre „ produisent d'assez bons fruits, par le secours de l'Art, au défaut de la Nature. Au reste, je ne puis sortir de ces environs-là, sans vous raconter une chose assez particuliére. Il faut donc vous dire qu'on trouve des Champs de bataille prés de *Hambourg*, sur les Territoires de *Danemark* & de *Lubec*, où les quérelles particuliéres se terminent à la veüe d'une infinité de spectateurs, qui en sont avertis à son de trompe, quelques jours avant que les Champions entrent en lice. Il y a ceci de remarquable, que les Combatans, soit à pied, soit à cheval, implorent la mediation de deux Seconds, pour juger seulement des coups, & les séparer de part & d'autre, dez qu'il y a quatre goutes de sang répandues. Ce qui fait que les Parties se retirent pour la moindre égratigneure.

Et s'il arrive que l'une des deux tombe sur le carreau, le Vainqueur rentrant sur le Territoire de *Hambourg* se retire en triomphe dans cette Ville, au bruit de cris de joye que les Spectateurs font retentir dans les airs pour Honorer sa victoire. Ces Tragédies sont assez ordinaires dans ce Païs-là. Car comme c'est l'abord d'une infinité d'Etrangers,

gers, il arrive toûjours quelque défordre, qui fe termine de cette maniere. Autrefois les *Danois*, les *Suédois*, & les *Allemans* accouroient en ces lieux-là, quand il s'agiffoit de terminer les démêlez qui arrivoient entr'eux dans leur païs, où les duels font étroitement défendus. Mais leurs Souverains ont mis ordre à cela, par la Déclaration qu'ils ont faite de les punir à leur retour, avec autant de févérité, que s'ils fe fuffent battus dans leurs Etats.

Je partis de *Hambourg* aprez y avoir féjourné cinq ou fix jours ; & me fervant du Chariot de Pofte qui va journellement à *Lubec*, dont chaque place coûte un écu & demi, j'arrivay le même jour dans cette Ville là. Dez-que nous arrivâmes aux portes, on nous demanda qui nous étions. Chacun dénonça franchement fon Païs & fa profeffion ; mais la crainte d'eftre arrêté m'empêcha d'eftre auffi fincére que les autres Paffagers. Je fis un peu le Jéfuite dans cette rencontre-là, car je fus obligé de dire, en dirigeant mon intention, que j'eftois Marchand *Portugais*, ce qui fit que j'en fus quitte pour être appellé Juif ; enfuite on nous laiffa paffer fans faire la vifite de nos Cofres. La Ville de *Lubec* n'eft pas fi grande, ni fi peuplée que celle de *Hambourg*, mais les rues font plus larges & plus droites, & les maifons plus belles. Les Vaiffeaux font rangez à côté les uns des autres, le long d'un beau quay, qui régne d'un bout de la Ville à l'autre, fur une Riviére fi étroite, qu'elle eft, à mon avis, plus profonde que large ; fon
plus

plus grand commerce est celuy de la Mer *Baltique*, quoi qu'elle n'en est éloignée que de deux lieües. C'est justement l'endroit où je suis à présent, qui est situé à l'embouchure de cette petite Riviére, dans laquelle, il est impossible que les grands Vaisseaux puissent entrer, à cause d'une Barre, sur laquelle on ne trouve tout au plus que 14 ou 15 pieds d'eau; dans le temps même que les Vents du large font accidentellement enfler les eaux, à peu prez comme les marées de l'Ocean. Je m'embarquerai demain icy dans une Frégate destinée à porter des Passagers à *Copenhague*, pourvû que le vent de Sud continue comme il a fait aujourd'huy; J'ay retenu la chambre de poupe dont je ne paye que deux Ducats, qui valent à peu pres 4 écus de France. C'est la monnoye la plus courante, & la plus commode dans tous les Païs du Nord. Car elle a son cours en Hollande, en Danemarc, en *Suéde*, & chez tous les Princes *d'Allemagne*. Mais il faut prendre garde à n'en point recevoir qui ne soient de poids, si l'on veut éviter la chicane & la perte de quelques sols. Au reste, j'ay trouvé jusqu'ici de bonnes Auberges dans toutes les Villes où j'ay passé. Le bon vin de *Bordeaux* ne manque non plus à *Hambourg* qu'à *Lubec*. On y boit aussi des vins de *Rhin* & de *Moselle*, mais je les trouve plus propres à faire cuire des Carpes, qu'à toute autre chose. Adieu, Monsieur, le temps de finir ma Lettre & de plier bagage, s'aproche à l'heure qu'il est. J'espére d'être aprez demain à *Copenhague*, si ce vent de Sud est autant nôtre ami que je suis.

Monsieur,
Vôtre Travemunde, &c. 1694.

MONSIEUR,

LE vent de Sud-Est qui soufloit dans le temps que je vous écrivis ma derniére Lettre, nous conduisit jusqu'au Port de cette bonne Ville de *Copenhague*, ensuite il nous quitta pour aller porter le dégel aux Terres septentrionales de Suéde, où il étoit attendu depuis quelques jours. Ce petit trajet de Mer que nous fimes en deux fois vint & quatre heures, me parut assez divertissant; car j'eus le plaisir de voir à Babord, c'est à dire à la main gauche, quelques Iles Danoises qui paroissent estre assez peuplées, s'il en faut juger par la quantité de Villages, que je découvris en rangeant ces Iles, d'un temps clair & serain, à la faveur d'un petit vent frais & modéré. Ce trajet me sembleroit un peu dangereux en temps d'hiver, à cause des bancs de sable qui se trouvent en quelques endroits, car comme les nuits sont courtes, & les vents impétueux dans cette saison, je craindrois fort d'y échouer, malgré toute sorte de précaution. Dez-que j'eus mis pied à terre dans cette Ville-ci, les gens de la Doüane firent la visite de mes Valizes, où ils trouvérent plus de feüilles de papier, que de pistoles. Le lendemain de mon arrivée j'allai saluer Mr. de *Bonrepaus* qui étoit allé prendre l'air depuis quelque jours à la Campagne, pour le rétablissement de sa santé. Ensuite

je

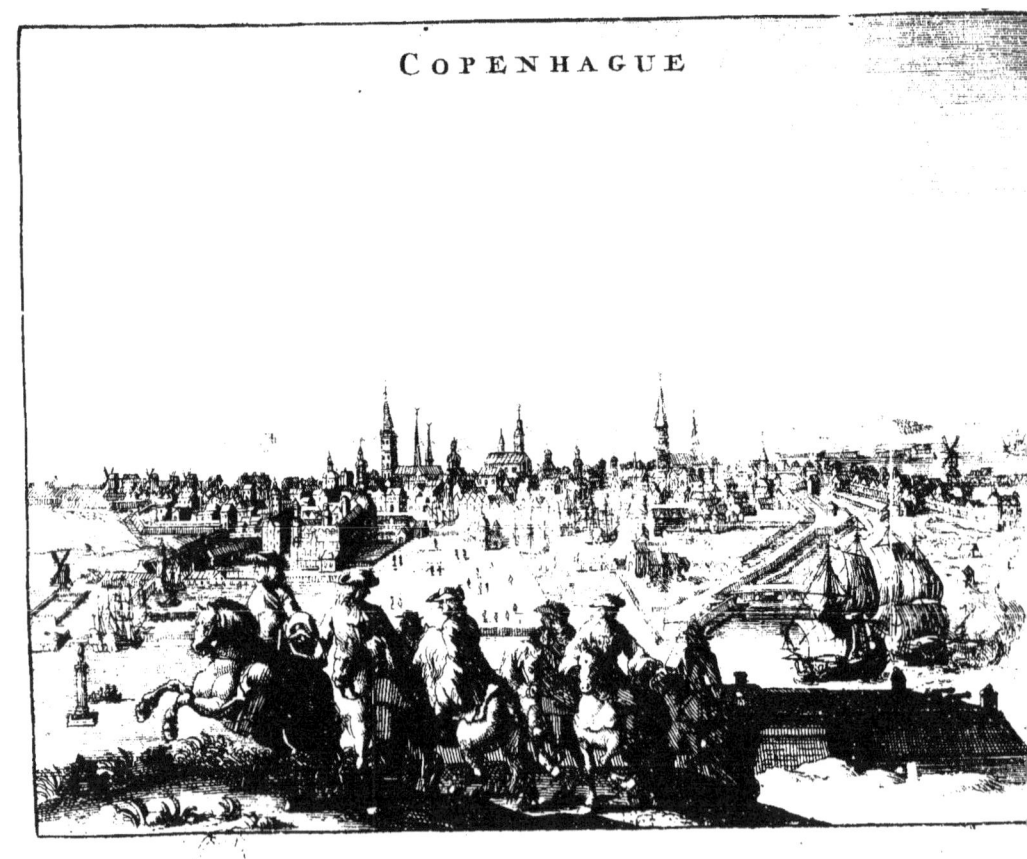

je revins dans cette Ville, qui peut être mise au rang de celles qu'on appelle en Europe grandes & belles. La fortification en est bonne & réguliere ; mais par malheur elle n'est pas revêtue. La Citadelle qui défend l'entrée du Port a le même défaut. Ce Port est un des meilleurs du monde, car la Nature & l'Art l'ont mis à couvert de toute sorte d'insulte. Le terrain de *Copenhague* est uni, les rues sont larges, & les maisons presque toutes de brique à trois étages. On y voit trois belles Places ; entr'autres celle du Marché du Roy, ainsi nommée à cause de sa Statue Equestre qu'on a eû le soin d'y élever. Cette Place est environée de quelques belles Maisons ; dans l'une desquelles Mr. de *Bonrepaus* est logé. Cet Ambassadeur avoit besoin d'une aussi grande Maison que celle qu'il occupe, ayant un aussi grand train. La magnificence de sa Table répond merveilleusement bien à celle de ses Equipages. Tout le monde l'estime & l'honnore avec raison. Je n'en dirai pas davantage voulant ratraper l'article de la Ville, qui paroît trés avantageusement située, comme on le peut voir dans la Carte de l'Ile de *Zélande*. Elle est fort commode pour les Vaisseaux marchans qui peuvent entrer, sans peine, dans les Canaux qui la traversent. On y voit des Edifices curieux, les Eglises de *nôtre Dame* & de *St. Nicolas* sont grandes & belles. La *Tour Ronde*, dont l'escalier à girons rempans permétroit aux Carrosses de monter jusqu'au haut, passe pour une curieuse Masse d'Architecture. La *Bibliotèque*, qui se trou-

ve renfermée dans le corps de ce Bâtiment est pleine de Livres & de Manuscrits fort précieux. La *Bourse* est encore une Edifice admirable par raport à sa longueur, outre qu'elle est située dans le plus bel endroit de la Ville. Le *Palais du Roy*, me paroit aussi estimable par son antiquité que s'il étoit bâti à la moderne. Car il suffit que l'harmonie des proportions se rencontre dans la Masse de ce Château, dont les meubles & les peintures sont d'une beauté achevée. *Le Cabinet de Curiosités du Prince Royal*, est rempli d'une infinité de piéces tout à fait rares. Les *Ecuries du Roy* ne contiennent à présent que 100. Chevaux de Carrosse, c'est à dire 13 ou 14 attelages de diférentes espéces, & cent cinquante chevaux de Selle ; mais les uns & les autres sont également beaux. *Cristians-stave* est une seconde Ville séparée de *Copenhague* par un grand Canal d'eau vive. La Maison Royale de *Rozembourg*, située aux extrémitez de la Ville, est ornée d'un Jardin délicieux. Venons maintenant au caractére des Princes & des Princesses de la Cour. Il est inutile de parler de la valeur & de la vigilance du Roy : Car ces deux qualitez de ce Monarque sont assez bien connues de tout le monde. Je me contenterai de vous dire simplement qu'il a beaucoup de jugement & de capacité, & qu'il est fort attaché aux intérêts de ses Sujets, qui le regardent comme leur Pére, & leur Libérateur ; étant grand Capitaine, il sçait tout ce qu'un Habile Homme de guerre doit sçavoir. Il est affable & généreux, au suprê-
me

me degré. Il parle également bien le Danois, le Suédois, le Latin, l'Alleman, & même l'Anglois, & le François. La Reine est la Princesse la plus accomplie qui soit au monde, c'est tout dire. Le Prince Royal est le digne Fils de ce grand Roy, & de cette bonne & vertueuse Reine. Comme vous l'avez entendu publier par autant de bouches qu'il y a de gens en France. Il est sçavant, il a l'esprit subtil, mêlé de douceur, & ses maniéres sont aussi Royales que sa Personne, ce qui fait qu'on luy souhaite, en le voyant, le bonheur & la prospérité que sa phisionomie luy promet. Le Prince *Christian* est un aimable Prince, aussi bien que le Prince *Charles* son Cadet. Il paroît je ne sçay quel air d'affabilité sur leur visage, qui charme tout le monde. Le Prince *Guillaume* leur Frére est un jeune Enfant tout à fait joli. La Princesse *Sophie*, qu'on nomme ordinairement la Princesse Royale, a l'air effectivement Royal. Elle est belle, jeune, bien faite, ayant de l'esprit comme un Ange. C'en est assez pour la mettre au dessus de toutes les Princesses de la Terre; outre qu'elle a mille autres bonnes qualitez, dont le détail seroit un peu trop long, pour estre inseré dans une Léttre. Parlons d'autre chose. On vit icy presque pour rien, quoique le bon poisson soit un peu cher; de sorte que les repas ne coûtent dans les meilleures Auberges que 15 ou 16 sols. La viande de boucherie n'est pas si succulente, ni si nourrissante qu'en France: mais la volaille, les oiseaux de riviére, les liévres, & les perdrix, sont merveilleux.

La bouteille du meilleur vin de Grave, ne coûte que 15 sols. Les Carrosses de loüage s'y trouvent à un écu par jour, & à 60. livres par mois. Les eaux sont bourbeuses & pesantes, ce qui fait qu'on a recours à la biére qui est bonne, claire, saine & d'un prix fort raisonable. Les Réfugiez François ont icy l'exercice libre de leur Réligion sous la direction de Mr. de la *Placette* Ministre *Bearnois*, à qui la Reine donne une trés-bonne pension, pour le soin d'une Eglise publique dont cette Princesse est la Protectrice. Le Roy passe ordinairement l'Eté dans ses Maisons de Campagne, tantôt à *Yagresbourg*, à *Fréderisbourg*, & à *Cronembourg*. Il n'y a guére de Prince au monde qui puisse prendre le plaisir de la chasse des Bêtes fauves plus agréablement que luy. Tous ses Parcs sont pleins de chemins assez larges pour courir en Chaise. D'ailleurs, les Chevaux Danois ont un galop étendu trés commode pour les Chasseurs, & les Chiens de ce païs-là ne tombent presque jamais en défaut. Sa Table est aussi bien servie qu'il se puisse. Ce qui fait qu'au retour de la chasse, il trouve un nouveau plaisir à faire une chére angelique. Ce Prince s'occupe aussi trés souvent à faire la reveüe de ses Troupes, à visiter ses Places, ses Magazins, ses Arsenaux, & son Armée Navale. Il tire quelquefois à l'oiseau, avec les Seigneurs de sa Cour. Il prit ce divertissement il y a deux mois à un quart de lieue d'ici. Cet Oiseau de bois, gros comme un cocq, étoit planté sur le faîte d'un Mât; Le Roy tira le premier de cent pas,

mais

mais sa bale n'enleva qu'une petite piéce du cou. Ses Courtisans tirérent ensuite si adroitement qu'il ne restoit plus qu'un morceau de cet Oiseau, que ce Prince fit sauter à la fin, aprez avoir été disputé par un assez grand nombre de Tireurs. On trouve peu de gens icy qui n'entendent assez bien le François. Messieurs de l'Academie Royale ne connoissent peut-estre pas mieux la délicatesse & la pureté de cette Langue que Madame la Comtesse de *Frize*, qui par son esprit, par sa naissance, & par sa beauté, passe à bon droit pour la perle & l'ornement de cette Cour. Les *Danois* sont bien faits, civils, honêtes, braves & entreprenans; & leurs façons de faire ont quelque chose d'aimable, en ce qu'ils sont tout à fait affables & complaisans. Je les croy gens de réflexion & de bons sens; éloignez de cette affectation & de cette vanité insuportables : au moins je voy qu'ils procédent avec un dégagement Cavalier en toutes choses. Les Dames sont fort belles & fort enjoüées; ayant toutes généralement beaucoup d'esprit. Quelques-unes ne manquent pas de vivacité, quoique le Climat semble un peu opposé à ce brillant, qui leur sied parfaitement bien. Les Danois se plaignent qu'elles sont un peu plus fiéres, ou plus scrupuleuses qu'elles ne devroient; ils ont raison sur le scrupule ; pour la fierté je n'en sçay rien ; quoiqu'il en soit on prétend que le *qu'en dira t-on* est la cause qu'elles ne reçoivent presque point de visite ; si c'est pour eviter l'occasion, qui fait le larron, à la bonne heure : mais si c'est pour éviter les

traits

traits de la médisance, qui régne autant icy qu'ailleurs, elles ne font rien qui vaille; car enfin elles ont plus de sagesse & de vertu qu'il n'en faut pour essuyer des escarmouches de soupirs sans s'émouvoir. Au reste on les voit assez souvent chez Monsieur de *Gueldenlew*, Viceroy de Norwegue, & Frére naturel du Roy. Ce Seigneur, qui est un des plus magnifiques de l'Europe, se fait un plaisir de faire donner tous les jours une grosse Table de 18. Couverts où ces Dames sont aussi bien reçeues que les Cavaliers de distinction, lesquels aprez le repas ont acoustumé de faire des parties de jeux, ou de promenade avec elles. On trouve la même chére & la même Compagnie chez Mr. le Comte de *Revenclau*, qu'on tient icy pour un des plus zelez & des plus habiles Ministres du Roy. Ces repas sont un peu trop longs pour moy, qui suis acoutumé de dîner en poste, c'est à dire en cinq ou six minutes, car ils durent ordinairement deux heures. Les mets excellens qu'on y sert en profusion ont dequoy satisfaire le goût, la veüe, & l'odorat. Ces Tables ne diférent en autre chose des meilleures de nôtre Cour, si ce n'est qu'on y sert de grandes piéces de bœuf salé. Dont il me semble que les *Danois* auroient tort de manger avec tant de plaisir, s'ils n'avoient pas le soin de chasser du gosier la salive de cette viande avec l'agréable liqueur du bon homme Noé. Parmi les différentes sortes de vin qu'on y boit, ceux de *Cahors* & de *Pontac* sont les seuls dont un François se puisse ac-

com-

commoder. Il semble que ce soit une coutume inviolablement établie dans les Païs du Nord d'avaler une ou deux Coupes de biére, avant que de passer au vin, dont on fait trop d'estime pour le gâter avec l'eau. On dit que ces repas duroient autrefois quatre ou cinq heures, & qu'on beuvoit assez cavaliérement pendant ce temps-là, malgré les risques de la goutte. Mais cet usage est maintement aboli ; d'ailleurs, les verres sont si petits, & la modération est si grande, qu'on sort de table avec toute sorte de tranquillité. Ce n'est pas qu'en certaines Fêtes extraordinaires on fait encore des festins, où les Conviez sont indispensablement obligez de boire quelques razades éfroyables dans certains *Welcoms*, autrefois en usage parmi les Grecs, sous le nom de Αγαθυ Δαίμον©. Le souvenir de ces Vases me fait trembler, depuis l'accident impréveu qui m'arriva malheureusement, il y a deux mois chez Mr. de *Gueldenlew*. Ce Viceroy régaloit dix-huit ou vint Personnes de l'un & de l'autre Séxe, à l'honeur de la naissance d'un de ses Enfans. Le hazard voulut que j'eusse l'honneur de me trouver au nombre des Conviez, qui furent tous obligez, à la reserve de Mr. de *Bonrepaus*, de boire pendant le repas deux douzaines de razades, à la santé des présens & des absens. Je vous avoüe que j'estois fort embarrassé de ma contenance, & que j'aurois presque autant aimé boire le fleuve de St. Laurent que ces Fontaines de vin ; Car il n'y avoit aucune apparence de tricher, ni de s'en défendre. Il ne s'agissoit plus de faire re des réfléxions fur l'étrange fituation où je me trouvois; il failloit, fuivant le proverbe, boire le vin, puifqu'il étoit deja tiré ; c'eft à dire, faire comme les autres. Cependant on apporta fur la fin du repas un grand *Welcom* d'or contenant deux bouteilles, que tous les Cavaliers furent obligez d'avaler plein à la fanté de la Famille Royale. Dieu fçait fi jamais le trifte Nautonnier trembla de meilleure grace à l'afpect du naufrage, que je fis à l'abord de ce Vafe monftrueux. Je veux bien vous dire que je le beus, mais je n'acheverai pas, s'il vous plaît le refte de l'hiftoire, car je ne prétens pas faire trophée de l'action héroique que je fis, à l'imitation de trois ou quatre autres, qui déchagérent leur confçience d'auffi bonne grace que moy, au pied de la Table. Aprez ce coup fatal j'étois fi mortifié que je n'ozois paroître, & même trés difpofé à quitter inceffamment le Païs, fi mes Compagnons de bouteille & de difgrace ne m'en avoient diffuadé par une infinité de proverbes Allemans, qui fembloient loüer ce généreux exploit, fur tout celuy-ci. *S'il eft honteux de trop prendre, il eft glorieux de rendre.* Au refte les Gentishommes *Danois* vivent affez comodément du revenu de leurs Terres, & même leurs Paifans ne manquent de rien, comme les nôtres, fi ce n'eft d'argent. Ils ont des grains & des Beftiaux, pour vivre graffement, & pour payer le fief à leurs feigneurs. N'eftce pas affez d'être bien vêtu, & bien nourri ? Je voudrois bien fçavoir à quoy fervent les écus des Paifans de Hollande, pendant qu'ils ne ne mangent que du beurre & du fromage étendu sur du *Pompernik*? si c'est pour payer le tribut à leur République, il faut aimer avec bien de l'aveuglement une ombre de liberté qu'on achéte aux dépens de la subtance qui maintient sa vie & la santé. Le meilleur coup que les *Danois* ayent jamais fait, c'est lorsqu'ils ont mis leurs Rois sur le pied qu'ils sont aujourd'huy. Celuy qui régne à présent exerce le pouvoir arbitraire avec autant d'équité que son Prédécesseur. Avant ce temps-là ce n'estoit que Factions, Cabales, & Guerres Civiles dans le Royaume. On ne voyoit que des désordres dans l'Etat & dans la Société. Les Grands oprimoient les Petits; & les Rois eux-mêmes estoient, pour ainsi dire, assujetis aux Loix de leurs Sujets. En un mot, ce phantôme de liberté, dont ces Peuples se laissoient éblouïr, comme plusieurs autres, par de fausses lueurs, ne servoit qu'à les rendre esclaves d'une infinité de Roitelets, qui agissoient en Souverains, sans craindre le pouvoir borné des Rois. Les revenus du Roy de Danemarc se montent, à présent, à 5 millions d'écus. C'est un fait incontestable que je sçay de trés bonne part. Il entretient prez de trente mille Hommes de bonnes Troupes réglées, bien disciplinées, & réguliérement payées, sans compter les Milices qui sont toûjours prêtes à marcher. Outre qu'il peut encore lever quarante mille Hommes,

* *Pompernik*, est une espéce de pain noir comme la cheminée, pesant comme du plomb & dur comme des cornes.

mes dans le besoin, sans dépeupler ses E-
tats. Ses Officiers ont des apointements
raisonnables; sur tout ceux de Marine, qui
n'ont pas, comme les nôtres, plus de
paye qu'il leur en faut, à proportion de nos
miserables Capitaines d'Infanterie & de Cavalerie, lesquels sont obligez de faire assez
maigre chére, pour suvenir aux dépenses
dont les Capitaines de Vaisseaux sont exempts.
On dit qu'il est avantageux à ce Prince
de prêter ses troupes à ses Alliés, non par
raport aux sommes qu'il en peut retirer, mais
seulement pour les tenir en haleine, les
aguerrir & les perfectioner dans l'Art Mili-
taire, afin d'en tirer de l'utilité dans l'occasion.
Vous remarquerez, Monsieur, que le Roy de
Danemarc est au dessus de ce scrupule ridicule qu'ont la plûpart des autres Princes, de n'employer à leur service les Etrangers qui ne sont
pas de leur Religion. Messieurs de *Corm ul-
lon*, *Dumeni*, *Labat*, & plusieurs autres ont des
emplois considérables dans ses Troupes, quoiqu'ils soient François & Catholiques. Cela fait
voir que ce Monarque est persuadé que les gens
d'honneur manqueroient plûtôt à la Religion
qu'à la fidélité qu'ils doivent à leur Maître.
Entre nous, je croy qu'il a raison ; Car enfin le premier point de toute Religion consistant dans la fidélité qu'on doit à Dieu, à
l'Ami, & au Bienfaiteur, rien ne peut ébran-
ler un honête Homme, ni le porter à agir
contre son devoir. Je ne veux pas juger des
autres par moy-même, mais pour moy, je
vous assûre que si j'avois embrassé le service
des *Turcs*, avec ma liberté d'être Catholique

que fieffé, & qu'il fût enfuite queſtion d'embraſer la Ville de Rome, j'y métrois le feu le premier par l'obeïſſance que je devrois au *grand-Seigneur*. Changeons de propos. Les Loix de Danemarc contenues dans le Livre Latin que je vous envoye, vous paroîtront ſi claires, ſi ſages ſi diſtinctes, qu'elles ſemblent avoir eſté dictées par la bouche de *St. Paul*; d'où vous conclurez enſuite que ce Païs n'eſt guére favorable aux Procureurs, Avocats, & autres gens de chicane. J'avoue que l'article des rencontres vous ſemblera déraiſonable, comme il l'eſt effectivement, car au bout du compte, il eſt preſque auſſi deſavantageux de tuer ſon ennemi, que de ſe laiſſer tuer ſoy même. La Cour de Danemarc eſt auſſi belle qu'aucune autre de l'Europe, à proportion de ſa grandeur. Les équipages des Seigneurs qui la compoſent ſont des plus magnifiques. Ce qui eſt ſingulier, c'eſt qu'il n'eſt permis qu'aux Perſonnes de la Famille Royale de donner des Livrées rouges à leurs Laquais. L'heure de la Cour eſt depuis midi juſqu'à une heure & demie, ou environ. Le Roy ſe fait voir pendant ce temps là dans un Salon rempli de gens d'une propreté achevée, on n'y voit que des Habits brodez & galonez à la mode & de bon goût. Les Miniſtres étrangers s'y trouvent régulierement : car le Roy leur fait l'honneur de les écouter avec plaiſir. On y trouve peu de Chevaliers de *l'Eléphant*, cet Ordre n'étant conféré qu'aux premiers du Royaume. On peut dire qu'il eſt aujourd'huy le plus noble de tous ceux de
l'Eu-

l'Europe, & qu'il a moins dégénéré que les autres. Cela est si vray que de trente quatre Chevaliers, dont il est composé, les trois quarts sont Princes Souverains. l'Ordre de * *Danebrouc* est plus commun, & par conséquent moins considérable, quoique les Chevaliers qui sont revêtus de ce Colier joüissent de plusieurs prééminences & prérogatives tout à fait belles. Les Fils naturels des Rois de Danemarc ont les Titres de † *Gueldenlew* & de *Haute Excellence*, leurs Femmes sont pareillement distinguées par celuy de *Haute Grace*. Le Roy régnant en a deux, qui ont plus de mérite qu'on ne sçauroit dire; l'Ainé sert en France avec tout l'aplaudissement imaginable. Le second qui n'a que quinze ans, & qui est icy, promet beaucoup, a de l'esprit infiniment, il est beau, bien fait, & de bonne mine; en un mot, c'est un des Chevaliers des plus accomplis que j'aye vû de ma vie. Il est pourvû de la Charge de Grand-Admiral; & ce qui vous surprendra, c'est qu'il entend mieux la construction des Vaisseaux, & les Mathématiques, que les plus habiles Maîtres. Il y a deux Eglises Catholiques libres, permises, & publiques dans les Etats du Roy de Danemarc; l'une à *Glucstat* & l'autre à *Altena*. L'air de ce Païs est fort sain pour les gens sobres, & très-contraire à ceux qui n'ont pas l'esprit content; On ne connoit icy d'autre maladie que celle du *Scorbut*. Les Médecins en atribuent la cause à l'air salé, & chargé d'une infinité de

vapeurs

---

* *Danebrouc*, signifie l'Ordre blanc.
† *Gueldenlew*, signifiée Lion d'or.

vapeurs épaisses & condensées, lesquelles s'unissant sur la surface de la terre, s'insinuent avec l'air dans les poûmons, & par leur mélange avec le sang retardent si fort son mouvement, qu'il se coagule & de là provient le scorbut. Mais avec la permission de ces Docteurs, je prendray la liberté d'embrasser le parti de l'air de cette agréable Ville, en les priant de considérer que les impressions de l'air sur la masse du sang sont moins fortes que celles des alimens. Si le scorbut provenoit des mauvaises qualitez de l'air, il s'ensuivroit que tout le monde en seroit attaqué, ce qui n'est point ; car les trois quarts des *Danois* en sont exempts. Je fonde mon raisonnement sur tous les soldats qui moururent de ce mal en 1687. au Fort de *Frontenac* & de *Magara* (comme je vous l'écrivis l'annnée * suivante) où l'air est le plus pur & le plus sain qui soit au monde. Il est donc plus raisonable d'en atribuer la cause aux alimens, c'est à dire aux viandes salées, au beurre, au fromage, & même au défaut d'exercice, & au sommeil excessif. C'est un fait dont tous les gens de Mer, qui auront fait des voyages de long cours, ne disconviendront pas, dez-qu'ils auront veu les terribles ravages que le scorbut sçait faire sur les équipages des Vaisseaux. Il faut donc s'en prendre aux mauvais alimens dont j'ay parlé, selon le sentiment d'un habile Homme, en qui j'ay beaucoup de foy.

Il

---

* 1683. Voyez mes lettres de cette année-là.

Il me difoit un jour que les alimens acides augmentent l'acidité du fang, ce qui fait que celuy de ces fortes de malades eft deftitué d'efprits, ou du moins ils s'y trouvent en fi petite quantité, qu'ils font facilement abforbez & envelopez par les acides qui y dominent, fi bien qu'il eft impoffible qu'ils puiffent exciter de grandes fermentations. Pour ce qui eft du long repos, & du trop long fommeil, tout le monde fçait, qu'ils difpofent beaucoup à l'obftruction des inteftins & qu'ils fervent à engendrer des fucs cruds, empêchant toutes les évacuations fenfibles acoutumées, tant par le mouvement rallenti des efprits, que par l'infenfible tranfpiration des parties les plus fubtiles. Sur cela je conclus que les viandes fraîches, les bons potages, le fommeil réglé, & l'exercice modéré *ad ruborem, non ad fudorem*, font les antidotes du fcorbut & les meilleurs correctifs de la maffe du fang fur la mer, comme fur la terre. Si cette digreffion eft un peu longue, vous devez, Monfieur, l'atribuer au defir que j'ay de vous donner quelques avis pour vous préferver de cette maladie, en cas qu'il vous préne envie de faire quelque voyage de long cours; & ne croyez pas, s'il vous plaît, que je me fois écarté du fil de ma narration, pour prouver que l'air de cette Ile eft meilleur que celuy de Portugal, c'eft ce que je ne fçay pas. Car quelque air que je refpire, je me porte également bien. Il eft vray que l'inconftance du temps qu'on remarque icy pourroit me chagriner un peu, fi j'eftois obligé d'y paffer

le

le reste de ma vie. Car le temps change assez souvent trois ou quatre fois le jour, passant du froid au chaud, du sec à l'humide, & du clair à l'obscur. J'ay eû l'honeur de faire la révérence au Roi dans son Château de *Frederisbourg*, où il conféra l'Ordre de *l'Elephant* à quelques Princes d'Allemagne, par procuration. Cette Cérémonie, qui me parut tout à fait belle, y attira quantité de Personnes de distinction, entr'autres tous les Ministres étrangers, qui se firent un trés grand honneur d'y assister. Quelques jours aprés, ce Prince alla prendre l'air à *Cronembourg*, situé directement sur les rives du Détroit du *Sund*. La fortification de ce Château est réguliere, il est revêtu de brique, & garni d'un grand nombre de Couleuvrines de gros calibre, & de bonne longueur, qui défendent l'entrée de ce Détroit, auquel je puis donner 3500. pas géometriques de largeur. C'est à dire une grande lieüe de France. C'est un plaisir de voir entrer & sortir chaque jour une infinité de Vaisseaux, qui vont, & qui viennent de l'Ocean à la Mer Baltique. Et comme les Canons de *Cronembourg* sont les clefs de cette porte, il faut que tous les Bâtimens étrangers viennent indispensablement moüiller au Bourg *d'Elseneur*, pour y raisonner, avant que de passer outre. Vous me direz, peut-être, qu'une grosse Flotte de Vaisseaux de guerre n'auroit pas trop de peine à franchir ce passage, aux dépens de quelques Canonades, je l'avoüe, mais si l'Armée navale du Roy de Danemarc étoit moüillée dans ce Détroit, je suis persuadé qu'elle en

H dé-

défendroit l'entrée. Sur ce pied-là je conclus donc qu'on ne doit pas trouver étrange que Sa Majesté Danoise exige un médiocre tribut des Vaisseaux Marchands de toutes les Nations, à la reserve des Suédois. Au moins, il me semble qu'il est plus en droit de le faire que le Grand Seigneur au Détroit des *Dardanelles*. Car la plûpart des Vaisseaux qui entrent dans la Mer Baltique vont faire leur commerce à *Lubec*, en *Brandebourg*, à *Danzic*, en *Prusse*, en *Courlande* en *Livonie* & en *Suède*; au lieu que ceux qui entrent dans les *Dardanelles* abordent aux Ports du *Grand Seigneur*, pour trafiquer avec ses Sujets, & non pas avec d'autres. Je voudrois bien sçavoir si le Roy d'Espagne ne prétendroit pas qu'on luy paiât aussi le droit d'entrée au Détroit de *Gibraltar*, si l'Europe & l'Afrique avoient l'honêteté de s'aprocher tant soit peu l'une de l'autre ; même sans cela, qui sçait si ce Prince aiant un jour une puissante Armée Navale, ne s'aviseroit pas de l'exiger ? Cette question n'est pas si problématique que vous le croyez. Quoiqu'il en soit, il y a bien des gens qui s'imaginent à la bonne foy, qu'on pourroit se dispenser de payer le tribut du passage du *Sund*, si l'on s'obstinoit à passer par un des deux *Belts*. Mais ils se trompent. Cela seroit bon si les sables qui sont dans la Mer, estoient aussi fixes que ceux qu'on imprime sur les Cartes Marines ; ce qui n'est pas. Car les uns se meuvent à chaque tempête, & changent de place, au lieu que les autres demeurent éternellement sur le Papier. D'ailleurs, il y a une infinité de rochers

ET DE DANEMARC.

chers couverts & de courants irréguliers inconnus aux Pilotes les plus expers, malgré leurs Cartes & leurs * flambeaux de mer; où ces écueüils ne sçauroient être marquez. Chargeons de propos, & disons que le Danemarc produit quantité de choses qu'on y débite avantageusement aux Anglois & aux Hollandois. En voicy quelques-unes ; le ségle, le froment, le Cidre, l'ydromel, les pommes, les bœux, les vaches, les cochons gras, les chevaux, le fer, le cuivre, le bré, & toutes sortes de bon bois de charpente, sur tout les mâts de Norwegue, où il s'en trouve d'assez grands d'un seul brin; pour mâter l'Arche de *Noé*; Il y a des Mines d'argent dans cette Partie Septentrionale, dont on prétend que le Roy pourroit tirer quelque avantage, s'il vouloit faire de la dépense pour les Ouvriers.

Les Norwegiens trafiquent aussi quantité de peaux d'Ours, de Renard. De Martres, de Loutres & d'Elan, qui ne sont pas si belles que celles de *Canada*. Venons aux Forces maritimes du Roy de Danemarc. Sa Flotte, qui est toûjours bien entretenue, aussi bien que ses Magazins, & ses Arsenaux de Marine, est composée de 28. Vaisseaux de Ligne, de 16. Frégates, & de 4. ou 5. Brûlots, sçavoir,

8. Vaisseaux depuis 80. Canons jusqu'à 100.
10. Vaisseaux depuis 60. Canons jusqu'à 80.
10. Vaisseaux depuis 50. Canons jusqu'à 60.
16. Frégates de 10. Canons à 26.

H 2 3. Ga-

* Livres de Cartes Hydrographiques, &c.

3. Galiotes à Bombes.
1800. Charpentiers entretenus.
400. Canoniers entretenus.

La paye des Capitaines de Vaiſſeaux eſt diférente ; les uns ont 300. écus par an, & les autres 400. Les Capitaines Commandeurs en ont 500. & les Commandeurs 600. Outre cela il y a douze Gardes marines, qu'on appelle Aprentifs, à 100. écus de paye par année. Or il faut que vous remarquiez, s'il vous plaît, que ces Apointemens ne ſont pas ſi médiocres que vous pourriez vous l'imaginer ; car on vit plus commodément en Danemarc avec trente écus, qu'en France avec cent.

Outre les Forces Maritimes, dont je viens de parler, le Roy peut trouver au beſoin 24 Vaiſſeaux depuis 40. Canons juſqu'à prés de 60. que ſes Sujets ſont obligez de luy fournir à ſa volonté ; & dont ils ſe ſervent pour le Commerce d'Eſpagne, de Portugal, & de la Méditerranée. Il faut remarquer en paſſant que les Vaiſſeaux Danois de 50. piéces peuvent hardiment prêter le côté aux Vaiſſeaux Anglois ou François de 60. à cauſe de la groſſeur de leur Artillerie, & de la force de leur bois. Tous ces Bâtimens, dont je parle, ſont conſtruits à varangue demi platte, ce qui fait qu'ils ſont aſſez peſans de voile, leur mâture eſt groſſe & courte. Courte, pour ne pas ſombrer ſous les voiles, lorſqu'il s'agit de parer des Caps, des Iles, des Rochers & des Bancs, dans un gros temps ; & groſſe, afin de pou-
voir

ET DE DANEMARC. 173

voir porter les voiles à tarc, en doublant ces Caps, ces Iles, &c. quand les vents fous & pesans de la Mer Baltique souflent avec impétuosité, les Matelots qui sont employez au service du Roy de Danemarc sont bien nourris, & bien payés; & ce qu'il y a d'avantageux pour ces gens-là, c'est qu'on leur donne dix ou douze écus de conduite, *Gratis*, outre leurs gages, dez-que la Flotte est rentrée dans le Port de *Copenhague*, pour desarmer. Cependant, il y a toûjours 3000. Matelots entretenus icy, & logez dans des Cazernes uniformes, situées aux extrémitez de la Ville. Finissons par les Monnoyes de ce Royaume.

Un Risdal Banque vaut 50. sous de Lubec.
Un Risdal Danois vaut 48. sous de Lubec.
Un Scletdal vaut 32. sous de Lubec.
Un Marc Dansch vaut 16. sous de Lubec.
Un Marc Dansch vaut 8. sous de Lubec.
Un demi-Marc Dansch vaut 4. sous de Lubec.
Un Sol de Lubec vaut deux Sous Danois; & deux Sous Danois valent 14. deniers de France. Faites vos réductions sur ce pied-là. Un Ducat d'or vaut ordinairement deux *Risdals* Danois, & quatorze Sous, quelquefois deux Sous plus ou moins. Le *Rosenobel* vaut le double. C'est à dire deux Ducats. Le Loüis d'argent ou l'Ecu de France passe en Danemarc pour un *Risdal* Danois. Les demi & les quarts à proportion, aussi bien que les Loüis d'or. Les lieües de l'Ile de Zélande, sont composées de 4200. pas géometriques; celles de Norwegue sont

plus

plus grandes, & celles de *Holstein* plus petites. l'Aune de *Copenhague* est d'un pouce & demi plus grande que nôtre demi-aune.

MONSIEUR,

JE partis de *Copenhague* trois jours aprez la datte de ma derniére Lettre, par la commodité des Carrosses de Mr. de Bonrepaus, qui voulant éviter l'embarras du passage des deux *Belts*, prit les devans pour aller attendre à *Coldink* le Roy de Danemarc. Il faut que vous sachiez que ce Prince fait tous les ans ce voyage en poste, quoique sa suite soit de mille ou douze cens personnes. Les Païsans des Villages situez sur la route, ou aux environs, sont obligez d'amener leurs chevaux à jour, & lieu nommé, pour être aussitôt attelez aux Carrosses & aux Chariots, qui contiennent ce nombre de gens avec leur bagage. Ces chevaux, quoique petits, sont nerveux, forts, vigoureux, ramassez, insensibles au froid, & même assez legers pour aller au grand trot, presque aussi vîte qu'au Galop; la course ordinaire de ces Animaux est de deux ou trois lieus, aussi bien que celle des soldats de Cavalerie, qui se trouvent à toutes les postes pour escorter le Roy des unes aux autres. C'est le 15. de Septembre que nous partîmes de *Copenhague* & nous arrivâmes dans trois heures à *Roskild*, ayant fait 6. lieües de 20. au degré. Nous n'eûmes que le temps de voir les Tombeaux des Rois de Danemarc, pendant que les Païsans ateloient leurs Chevaux aux Carrosses, & aux Chariots.

Ces

Ces Mausolées de marbre, qui sont des chefs d'œuvre d'Architecture, sont ornez de bas Reliefs, & d'Inscriptions latines. Ces beaux Marbres bien polis sont de *Poros*, de *l'Afriquain*, du *Brocatelle*, du *Serpentin* & du *Cipollino*. Ces Tombeaux sont renfermez dans les Chapelles d'une Eglise antique qui apartenoit aux *Bénédictins*, avant que *Luther* se fit Chef de parti. Nous allâmes coucher ce jour-là à un Village prez du grand *Belt*, aprez avoir eû le plaisir de voir quelques beaux païsages sur la route. Le lendemain à huit heures du matin nous arrivâmes au Bourg de *Corsor* situé sur les rives de ce Détroit, & fortifié de gazon à queue. Dez-que nous fûmes embarquez dans le Yact destiné pour Mr. de *Bonrepaus*, nous évantâmes nos voiles, mais le vent étoit si foible, & la mer si tranquille, durant ce trajet de quatre lieues, qu'on eût beu sur le pont des razades sans verser. Dez-que nous eûmes mis pied à terre à *Nibourg*, qui est une petite Bicoque régulièrement fortifiée, nous montâmes en Carrosse, & le même jour nous allâmes coucher à *Odenzée* ville Capitale de l'Ile de *Fionie*. Elle est située au milieu de cette Ile, qui est une des plus fertiles du Royaume. L'Eglise de l'Evêché est, pour le moins, aussi belle que grande, les Roys de Danemarc résidoient autrefois dans cette ville-là, dont les habitans eurent la cruauté de massacrer un de ces Princes. La Noblesse de cette Ile dispute l'ancieneté à celle de Venise, sur tout la Famille de *Trool*, qui signifie sorcier, & dont les armes parlantes

font un diable de fable en champ de gueule; d'où je conjecture que ce *Leo rugiens* étoit plus traitable & plus illuftre du temps des premiers fiecles, qu'en celuy de * l'Auteur des fept Trompétes, puifque les Nobles fe faifoient honeur de le placer dans l'écu de leurs Armes Le 18. nous-nous mîmes en marche pour aller à *Midelford* où nous trouvâmes une Barque qui nous traverfa de l'autre côté du petit *Belt*, aprez avoir inutilement atendu plus de deux heures, les Chariots qui portoient les Domeftiques & les Provifions de Mr. de *Bonrepaus*. Dez-que le trajet fut fait, on nous aprit qu'ils s'étoient égarez, cependant la faim nous preffoit tellement que nous fûmes obligez d'entrer dans la Maifon d'un Métayer, où nous aprêtames nous-mêmes des griliades & des ameletes, qu'il fallut manger fans boire. Car la biére de nôtre Hôte étoit auffi déteftable que fon eau. Quelque temps aprez, les équipages arrivérent; comme il étoit déja tard, nous fûmes contrains de paffer la nuit dans cette Maitérie. Le jour fuivant nous arrivâmes à *Coldink*, où le Magiftrat eut le foin de loger Mr. de Bonrepaus dans la plus belle Maifon de la Ville, où le Roy arriva trois ou quatre jours aprez. Cette petite Ville eft fituée dans le Païs de *Jutlant*, fur les rives d'un Golfe fi peu profond, qu'il ne porte que des Barques. Cependant elle eft confidérable par la Doüane des Beftiaux, qui raporte au Tréfor Royal prez de deux cens
mille

* Vieux radoteur qui foûtient cent rêveries capables de renverfer l'efprit des femmes.

mille *Risdals*. Le Château est une antique masse de Pierre, qui contient beaucoup de logement ; mais sa situation est tout-à fait avantageuse ; Car il est bâti sur une Eminence d'où l'on découvre tous les Païsages d'alentour. Les Danois veulent qu'on croye sur leur parole qu'un Ange fut envoyé du ciel dans la Salle de ce Château, pour avertir Christian troisiéme, Roy de Danemarc, que le bon Dieu se préparoit à le recevoir trois jours aprez cette notification. Ils ajoûtent que pour conserver la mémoire de cette Vision miraculeuse, on mit dans l'endroit même où cet Ambassadeur céleste eut l'audience de ce Prince, un grand poteau, que j'ay vû toutes les fois que j'ay esté à la Cour ; car c'est dans cette Sale-là que le Roy se faisoit voir dans le temps que j'estois à *Coldink*. Nous en partîmes le 24. pour aller à *Rensbourg* où nous arrivâmes le 25. aprez avoir passé par plusieurs petites Villes & Maisons Royales, dont la description nous meneroit un peu trop loin, Je me contenteray de vous dire, en passant, qu'on a beaucoup plus de plaisir que de peine à courir la poste dans ce Païs-là, soit en chariot, soit en Carrosse, à cause de l'égalité du Terrain, où l'on trouve aussi peu de cailloux que de montagnes. Le Roy ne fut pas plûtôt arrivé à *Rensbourg* qu'il visita les fortifications de cette Place, qu'on pourra bien-tôt métre au rang des meilleures de l'Europe. Ensuite, il fit la reveüe d'un corps d'Infanterie & de Cavalerie, dont il eut sujet d'estre content. Au bout de quelques jours, il prit la route de *Glucstat*,

qui est une petite Ville située sur *l'Elbe*, & presque aussi régulierement fortifiée que celle dont nous venons de parler. Cependant, Mr. de *Bonrepaus*, qui ne pouvoit suivre ce Monarque, à cause des affaires qu'il devoit terminer à *Rensbourg*, avec Mr. l'Abbé *Bidal*, me donna des Lettres pour des Personnes par lesquelles il s'imaginoit que Mr. de Pontchartrain se laisseroit fléchir, mais il se trompa, comme vous l'aprendrez bientôt. Je n'eus pas plûtôt pris congé de cet Ambassadeur, que je m'en allay à *Hambourg*, où quelques Personnes m'avertirent que Mr. le Comte de *Cunissec*, Envoyé Extraordinaire de l'Empéreur à la Cour de Danemarc, sollicitoit les Bourguemaistres de me faire arrêter. La chose me parut assez vray-semblable, sachant qu'il avoit pris feu contre moy à *Frederisbourg*, quelque temps auparavant, au sujet de certaines illuminations qu'on fit en ce lieu là; ce qui m'obligea de me sauver au plus vîte à *Altena*, où j'attendis un passeport de Monsieur le Duc de *Baviére*, sans quoy l'on m'eût arrêté dans la Flandre Espagnole. Dez-que je le recus, il se présenta l'occasion d'un Carrosse de retour, qui partoit pour *Amsterdam*, dans lequel je fus assez heureux de trouver une bonne place, à trés-bon marché, sans être incomodé par le nombre de gens; Car nous n'estions que quatre, sçavoir, un vieux Marchand Anglois, une Dame Allemande, sa Femme de Chambre, & moy. Ce voyage, qui dura huit jours, m'eût duré huit éternitez, Sans l'agréable conversation de cette aimable Dame, qui parloit
assez

assez bon François pour s'énoncer avec beaucoup de délicatesse. Imaginez-vous, Monsieur, que les routes de *l'Arabie* deserte ne sont peut-être pas si mauvaises que celles de la *Westphalie*, au moins il est seur qu'il n'y a pas tant de boue, mais c'est des gîtes dont je prétens vous parler, car il faut que vous sçachiez que ces Cabarets sont des Archihôpitaux, dont les Hôtes mourroient de faim, si les Etrangers n'avoient pas la charité de leur donner des vivres, dont ils sont obligez de se pourvoir chez de riches Maitayers, qui se trouvent de distance à autre. On doit se contenter de coucher sur la paille dans ces pitoyables Retraites, où les voyageurs ont la seule consolation de comander & de faire marcher l'hôte, l'hôtesse, & les enfans, comme bon leur semble. On est trop heureux d'y trouver une poile, & un chauderon pour faire la cuisine. Il est vray que le bois n'y manque pas ; & comme les cheminées sont isolées, & construites en quarré, vint personnes s'y peuvent chauffer à leur aise. Cependant, j'admirois la patience de cette Dame, qui, bien loin de se plaindre des incomodités du voyage, se faisoit un plaisir de voir pester le Marchand Anglois, sa femme de Chambre, & moy. Je conjecturai par son air & par ses manieres qu'elle étoit femme de qualité, en quoi je ne me trompai pas, car j'apris après que nous-nous fûmes séparez qu'elle étoit Comtesse de l'Empire: Elle conoissoit si bien le génie des François que je ne doutai pas qu'elle n'eût esté à Paris ; ce qui m'en persuada le plus, c'est qu'elle me parla comme fort sçavante des premiéres

Perſones de la Cour. D'ailleurs, elle avoit un vieux Domeſtique François & Catholique, qui n'entendoit presque point l'Aleman. Elle étoit grande, bien faite, avec aſſez d'embonpoint, & même ſi belle qu'elle fit en vain tout ce qu'elle put pour me perſuader qu'elle avoit cinquante cinq ans. Elle ne pouvoit ſouffrir qu'on luy dît que la fraîcheur de ſon tein ſembloit luy donner un démenti. Elle prenoit cet aveu pour une injure, prétendant que les charmes d'une femme de cinquante ans ſont trop ridés pour cauſer de l'admiration. Choſe ſinguliére & bien extraordinaire! Car les perſonnes de ſon ſéxe ne ſont guére acoûtumées à tenir ce langage, puiſqu'elles aimeroient mieux qu'on attaquât leur vertu que leur beauté. Quoiqu'il en ſoit, elle me parut fort prévenue contre les gens de nôtre Nation, qu'elle traitoit d'indiſcrets & d'évaporéz, ſe récriant toûjours ſur la mauvaiſe opinion qu'ils ont des Allemans. Comment, diſoit-elle, eſt-ce que les François ont l'audace de leur diſputer le bon eſprit, en les prenant pour des gens groſſiers & materiels, au lieu de les prendre pour des gens de bons ſens & de réflexion, qui pénétrent le fond des choſes avec beaucoup de jugement? Quoy donc, continuoit elle, faut-il être François pour avoir de l'eſprit; faut il avoir cette vivacité & ce faux brillant qui ébloüit avec un vain éclat? Faut-il avoir le feu d'une imagination prompte & ſubtile pour débiter des ſornetes avec des paroles dorées? Non non, cette délicateſſe d'expreſſions eſt de la créme

foüé-

foüétée ; il s'agit, pour rendre juſtice aux uns & aux autres de céder aux François la ſcience de bien parler, & aux Allemans celle de bien penſer. Cette Dame n'en demeura pas là ; car ayant attaqué vigoureuſement la fierté de la Nation, elle la traita de vaine & d'orgueilleuſe, dont la préſomption & la vanité ſont les moindres défauts. Vous voyez par-là, Monſieur, qu'il falloit qu'elle eût été en France, & d'autant plus qu'elle ſçeut fort bien me dire que les François inſultoient les Allemans par ces proverbes ridicules. *Cet homme entend aussi peu raiſon qu'un Alleman, il m'a fait une querelle d'Alleman. Il me prend pour un Alleman. Cette Femme est une bonne Allemande*, pour dire qu'elle eſt ſotte & naïve. Cependant ; je tâchois de la diſſuader, en luy remontrant qu'elle devoit faire une groſſe différence entre les François raiſonnables & ceux qui ſont aſſez fous de s'imaginer, qu'ils ſont les modéles ſur leſquels toutes les autres Nations doivent ſe former. Je la priai de ſe défaire de ſes préjugez, & de croire que les gens d'eſprit font beaucoup d'eſtime des Allemans, dont on peut loüer le mérite, la probité, le bon ſens, & la bonne foy. Effectivement, Monſieur, on ne peut refuſer ces bonnes qualitez aux gens de quelque diſtinction parmi eux ; auſſi l'étimologie du mot *all* qui ſignifie *tout*, & *man* qui veut dire *homme*, fait voir qu'ils ſont propres à tout faire, comme les Jéſuites, à qui l'on a donné cet titre de *Jéſuita omnis homo*, ce qui fait, par une plaiſanterie ſophiſtique, que tous les Jéſuites ſont

H 7 Alle-

Allemans. Je n'en demeurai pas là, car je l'assûrai que nous les considérions par mille beaux endroits, leur estant redevables d'avoir trouvé les propriétés de l'aiman, sans quoy il eût été impossible de faire la découverte du Nouveau Monde ; d'avoir inventé l'Imprimerie, sans quoy l'on auroit pris des Manuscrits fabuleux pour des Ecrits divins ; & d'avoir enfin trouvé l'invention des Horloges, de la fonte des Canons, & des Cloches. Ce qui prouve clairement qu'ils ont beaucoup d'industrie & de capacité. J'ajoûtai à cela que l'Allemagne a produit des soldats dont la valeur & l'intrépidité ont fait trembler le Capitole, aprez avoir deffait les Consuls Romains, & soûtenu vigoureusement les efforts du courage & de la puissance des Légions Romaines. Que l'Allemagne n'a pas esté moins fertile en Savans, à la teste desquels on peut métre *Juste Lipse*, *Furstemberg*, Mr. *Spanheim* & *Melanchton*. A ce mot de *Melanchton*, la Dame m'interrompit ; en me disant qu'elle étoit surprise de ce que les François reprochoient aux Allemans le vice de trop boire, pendant qu'on pourroit leur reprocher celuy de Platon avec le jeune *Dion*, & *Agathon*. J'estois prêt à lui répondre, que si les François étoient du goût de ce Philosophe, c'estoit seulement pour aimer aussi constamment des Femmes surannées qu'il aima sa vieille *Archeanasse* ; mais je me contentai de luy dire que les Allemans se sentant offencez du titre de Beuveurs, supposoient aux François l'amour *Platonique*, pour les rendre odieux aux personnes de son Séxe. Il n'en falut pas d'a-
van-

vantage pour les juſtifier, car elle ſe paya de cette raiſon. Au reſte, elle avoit de l'eſprit infiniment, & même elle eſtoit ſi aimable à un âge ſi avancé que ſi *Balzac* l'eût vûe, il ne ſe ſeroit pas aviſé de dire qu'il n'a jamais peu trouver de belle Vieille en ſa vie. Il falloit, ſans doute, que cet Oracle de la Gaſcogne entendît par ce mot de Vieille une femme de 70. ans : Car j'en ay veu trois ou quatre à l'âge de 60. d'une beauté achevée ſans rides & ſans cheveux blancs ; dont les yeux ſervoient encore de retraite à *Cupidon*. Je ne fus pas plûtôt arrivé à *Amſterdam*, que je loüay le *Rouf* du Bateau de nuit de *Rotterdam*, qui part tous les jours à trois heures aprez midi, de l'une de ces villes pour aller à l'autre. J'en fus quitte pour un écu que je ne regrétai pas. Car j'eus la commodité de dormir avec beaucoup de tranquillité durant la nuit, ſur des matelats que le Patron eſt obligé de fournir aux Paſſagers qui loüent cette petite chambre. Le lendemain de mon arrivée à *Rotterdam*, je m'embarquay pour la Ville *d'Anvers*, dans une *Seméle* qui eſt un Bâtiment à Varangues plattes, & à ſeméles, où l'on ne paye que demi piſtole pour Maiſtre & Valet. Cette navigation ſeure & commode ſe fait juſques là par le ſecours des Marées & des vens favorables ou contraires, entre la Terre ferme & les Iſles Hollandoiſes. Je me ſervis *d'Anvers* à *Bruxelles* du Bateau ordinaire, qui eſt une eſpéce de Coche d'eau tiré par un Cheval. Dez-que j'arrivay à *Bruxelles*, on me conſeilla de prendre la poſte pour l'*Iſle*, parce que les Voleurs ne laiſſoient guére guere passer des Carosses & des Chariots sans dépouiller les gens qu'ils y trouvoient. Je profitai de cet avis, & par ce moyen j'evitai ce qui n'eût pas manqué de m'arriver, si je l'eusse rejetté. Enfin, deux jours aprez mon arrivée à l'Isle, je pris le Carrosse qui part deux fois la semaine pour cette bonne Ville de Paris, où j'arrivay la semaine passée aprez avoir esté bien écorché par les impitoyables Hôtes de la route. Ils ne font non plus de quartier aux Voyageurs qui ne marchandent pas ce qu'ils mangent, que les Doüaniers de *Perrone* à ceux qui ne déclarent pas ce qu'ils portent. La visite qu'ils font est si exacte, que non contens de vuider les Cofres & les malles, ils foüillent les gens depuis la teste jusqu'aux pieds; les femmes grosses leur sont si suspectes, qu'ils glissent quelquefois la main où l'on glisse autre chose. Et si quelqu'un porte du tabac en poudre, du Thé, des Étofes des Indes, ou des Livres de Hollande, tout son bagage est confisqué. Je ne fus pas plûtôt arrivé icy, que j'allay à *Versailles*, pour donner les lettres dont Monsieur de *Bonrepaus* m'avoit chargé. Les Persones à qui elles s'adressoient firent en vain tout ce qu'elles pûrent pour obtenir de M. de *Pontchartrain* que je justifiasse la conduite que j'avois tenue à Plaisance. Il leur répondit froidement, que l'esprit roide & infléxible du Roy ne recevoit jamais de justifications d'un Inférieur envers son Supérieur. Or cette réponse, qui ternit en quelque façon, l'éclat du mérite & la judicieuse conduite d'un si

sage

sage Prince, me fit bien connoître que ce Ministre étoit moins févére par principe d'équité, que pour fuivre la dureté de son naturel *Iroquois*. Cependant, je penfai mourir de chagrin, quoique tous mes Amis tâchaffent de me confoler, en me confeillant de m'élever au deffus de ma mauvaife fortune, jufqu'au changement de Gouvernement. Ils ne balancérent point à me perfuader de chercher quelque azile où je pûffe être à couvert de la fureur de Mr. de *Pontchartrain*, pendant qu'il plaira à Dieu de le laiffer vivre pour lui donner le temps de se convertir. *Je ne veux pas que le pecheur meure, mais je veux qu'il se convertiffe &c.* Cette exhortation eft d'une belle fpéculation, mais peu eficace lorfqu'il s'agit d'attendre si long temps, fans autre reffource que le tréfor du fond de la boëte de *Pandore*. Adieu; Monfieur, je partirai inceffamment pour ma Province, où je ne ferai que paffer comme un éclair; je ne vous écris pas le refte, me contentant de vous dire fimplement que je fuis,

Monfieur,

Vôtre, &c. A Paris ce 29. Decembre 1694.

MONSIEUR,

VOus ferez bien furpris d'aprendre que je fuis à la veue d'une Terre dont il ne me refte que le nom. Mais ce qui fuit vous furprendra d'avantage, c'eft que toutes les
re-

recommandations des premieres Personnes de la Cour n'ont pû toucher le cœur de Monsr. de Pontchartrain, tant il est prévenu contre moy. Il est question de vous dire qu'étant parti de Paris avec bien du mécontentement, j'allai m'en consoler, quelques mois, dans une certaine Province du Royaume qu'il vous sera trés facile de deviner. De là je fis un saut droit à la Rochelle, où je m'embarquai sur un Bateau qui porte ordinairement des Passagers à la *Tremblade*. Je me trouvai dans cette Voiture dans la Compagnie d'un Moine blanc, dont l'histoire est trop singuliére pour n'en pas dire quelque chose. Il s'apelloit *Don Carlos* Baltazar de Mendoza; il est fils d'un bon riche Gentilhomme de Bruxelles; il est âgé d'environ trente trois ou trente quatre ans, & pour le moins aussi haut & aussi maigre que moy. Il servit trois ou quatre ans le Roy d'Espagne en qualité de Capitaine de Cavalerie, & comme il s'attachoit plus à l'étude des Sciences qu'à celle de plaire au Gouverneur général des Païs-Bas, sa Majesté Catholique luy refusa un Régiment que son Pére ofroit de lever à ses dépens. Ce refus l'obligea de quitter le service; ensuite ses parens le voulant marier, il alla se faire Moine en Allemagne, & quelque temps aprez il jetta le froc aux orties. Les gens qui m'ont conté son histoire, m'ont assuré qu'il avoit repris & laissé plusieurs fois son froc. Quoiqu'il en soit, on peut dire que ce Moine est un des habiles hommes de son siécle. Il posséde aussi parfaitement les meilleures Sciences, que les principales Langues

gues de l'Europe. C'est un aveu qui est sorti de la bouche des plus fines gens de Bourdeaux, qui luy rendirent plusieurs visites dont je fus le témoin, car nous logeâmes ensemble dans cette ville-là. Le meilleur de l'affaire, c'est que le lendemain de nostre arrivée deux Marchans de son Païs luy contérent de beaux Loüis d'or, d'une partie desquels il se défit en faveur des Soldats du Château Trompéte, qui n'auroient jamais creu qu'un homme d'Eglise pût être si libéral envers des gens de guerre. Tous les Théologiens, Mathématiciens, & Philosophes qui le visitérent étoient si charmez de son sçavoir, qu'ils avouoient que l'homme du monde le plus subtil & le plus pénétrant ne pourroit jamais aquérir aprez une étude de 60. ans, les connoissances de celuy-ci. Nous demeurâmes quinze jours à Bourdeaux, sans qu'il eût la curiosité de voir autre chose qu'une petite Eglise du Voisinage, & le Château Trompéte. Il lisoit & écrivoit incessamment: mais pour de Breviére, *nescio vos*. Je croy même qu'il n'en portoit pas. Car il n'estoit ni Diacre, ni Prestre. Pour ce qui est de son Ordre, il ne m'a pas esté possible de le sçavoir; car quand je le luy ay demandé, il m'a répondu, *Je suis Moine blanc, & rien plus*. Nous prîmes tous deux place dans le Carrosse de Bayone (car il s'en va en Espagne) & lorsque nous arrivâmes à *l'Esperon*, nous nous séparâmes, & je pris la route de *Dax*, & luy celle de *Bayone*. Je ne fus pas plûtôt arrivé dans la maison Champêtre où je suis, que je reçûs une infinité de visites,

dont

dont j'aurois bien peu me paſſer ; car j'ay la teſte ſi pleine des contes de vigne, de jardinage, de chaſſe, & de pêche, dont on me parle depuis quatre jours, qu'à peine ay-je l'eſprit aſſez libre, pour vous dépêcher cet Exprez, & pour vous faire un détail des affaires qui m'obligent à vous demander une Entreveüe; mais ce qui me trouble d'avantage, eſt l'impertinente folie de nos plus ſages Compatriotes. Car ces bonnes gens tant Preſtres, Gentishommes, que Païſans ne font que me parler de Sorciers, depuis le matin juſqu'au ſoir, & même ils vous citent en particulier comme l'homme du monde à qui les Sorciers ont fait le plus de niches. Enfin, pour peu qu'ils continuent à me débiter leurs chiméres, je croi que je deviendrai Magicien. Ces Viſionaires m'aſſûrent d'un grand ſérieux que tel & telle ſont Sorciers, quelques-uns jurent de bonne foy qu'ils le ſont eux-mêmes, d'autres me diſent en conſçience, qu'ils l'ont été, & qu'enſuite ils ont quitté le ſabath. Je demande aux uns & aux autres les charmes de ce ſabath ; ils me répondent que c'eſt un Palais où l'on trouve les meilleurs Vins, les plus beaux repas, les plus belles Femmes, & la plus agréable ſimphonie qui ſoit ſous le Ciel ; qu'on y boit, qu'on y mange, qu'on y danſe, & qu'on y fait avec les Dames ce qu'on peut bien faire ailleurs ſans être ſorcier. Enfin, je ne croy pas qu'il ſoit permis aux Bêtes d'être ſi Bêtes que ces Foux-là. Ceci ſurpaſſe l'imagination, car enfin, on s'appelle icy ſorcier, comme ailleurs on s'appelleroit Camarade.

Tout

Tout le monde en croit le nombre si grand qu'il est honteux à un homme de ne point passer pour tel ; Ainsi chacun se fait gloire de porter ce vénérable Titre de Sorcier. On me prend pour un Athée, depuis que je suis icy, parceque je me tue de dire à nos Prêtres & à nos Gentishommes qu'il n'apartient qu'aux Cerveaux creux de donner dans le paneau de ces rêveries. Mais ce qui me désespére, c'est qu'ayant autant d'esprit que vous en avez, vous puissiez vous même gober ces folies si monstrueuses, malgré cent raisons contraires à cette ridicule opinion. Sçachez, Monsieur, qu'il faut absolument nier la toutepuissance de Dieu, si l'on établit dans le monde les Sorciers, les Magiciens, les Devins, les Enchanteurs, les Spectres, les Fantômes, les Farfadets, les Lutins, & le Diable visible que nous mettons à la queue de toutes ces chiméres. C'est avoir peu dé religion, d'esprit, & de sagesse de croire que Dieu se serve de Sorciers & de Magiciens pour faire du mal aux hommes, & aux biens de la Terre. Il n'y a que les Européans capables de croire ces sotises. Chacun se fait un plaisir de conter ces visions. Il ne se trouve personne qui n'ait veu, ou entendu quelque Esprit en sa vie. Peu de gens vont à la source de ces erreurs populaires. On se feroit un scrupule de croire que ce sont des inventions des Prêtres Idolâtres, & Chrêtiens ; on a trop bonne opinion des gens d'Eglise pour leur imputer cela ; & si par hazard il se trouve un homme persuadé de la fourberie des Prêtres qui faisoient

foient parler les Oracles, pour excroquer la bourſe des hommes, & les cuiſſes des Femmes, il ſe trouvera cent ignorans qui ne le croiront pas. Croyez-moy, Monſieur, j'en demeure à ces anciens Prêtres, pour ne pas vous ſcandalizer par les induſtries des Modernes ; j'ay la Marmite du Pape trop en tête pour l'empêcher de boüillir ; car elle pourroit bien eſtre un jour ma derniére reſſource, ainſi je dois me taire. Ceci méritercit une Diſſertation claire & diſtincte ; peut-être l'aurez vous de moy quelque jour. Cependant aprenez, s'il vous plaît, qu'un * Eſprit fort ne ſçauroit jamais ſe laiſſer perſuader qu'il y ait des Sorciers &c. ſur tout en conſiderant qu'ils ſont tous gueux comme des Rats d'Egliſe ; & comment eſt ce que ces Coquins auroient le courage de ſe fier à un Maître qui les laiſſe pendre & brûler, bien loin de leur enſeigner des tréſors cachez, & mille autres ſecrets dans le commerce du monde, qui pourroient les enrichir ? Comment peut-on croire, je vous prie, que Dieu donne le pouvoir à ces gens là d'exciter des tempêtes, de bouleverſer les élémens ? On prétend que le diable les engage par des promeſſes, & qu'il fait des pactes avec eux ſous ſeing privé; ſi cela étoit-il s'enſuivroit que Dieu donne le pouvoir au Diable de ſéduire les miſérables Mortels, ce qu'il ne ſçauroit faire ſans authoriſer

* J'appelle Eſprit fort un homme qui aprofondit la nature des choſes ; qui ne croit rien que ce que la raiſon a meurement examiné, & qui ſans avoir égard aux préjugez, décide ſagement les affaires dont il s'eſt éclairci à fond.

ier le menſonge. Ainſi, c'eſt inſulter en forme la ſageſſe de Dieu, de prétendre qu'il arme l'Ennemi dn Genre-humain contre les hommes. Il n'apartient qu'aux Cerveaux creux & propres à recevoir toutes ſortes de rêvéries, de croire comme des Articles de Foy, la méchanceté desSorciers,l'induſtrie des Magiciens, le pouvoir des Enchanteurs, l'apparition des Eſprits, & la ſouveraineté du Diable, puis que tout cela ne ſe trouve que dans l'imagination des Fous & des Cagots. Il eſt bon que la populace ſe repaiſſe de ces chiméres; les gens qui les prêchent y trouvent leur compte par tout païs; faites un peu d'attention à ceci, & vous trouverez que j'ay raiſon. Il ne falloit autrefois qu'être Philoſophe ou Mathématicien pour être Sorcier. Les ſauvages croyent qu'une montre, une bouſſole, & mille autres machines ſont meues par des Eſprits. Car les peuples ignorans & groſſiers ſe forment des idées extravagantes de tout ce qui ſurpaſſe leur imagination. Les Lappons & les Tartares Kalmoukes ont adoré des Etrangers, pour leur avoit vû faire des tours de gibeciére. Le mangeur de feu de Paris a paſſé trés-long temps pour un Magicien. Les Portugais brûlerent un Cheval qui faiſoit des choſes merveilleuſes; & ſonMaîtrel'échapa belle,parce qu'on le croyoit un peu Sorcier.EnAſie les Chimiſtes ſont reputez empoiſonneurs; en Afrique les Mathématiciens paſſent pour des Enchanteurs; en Amerique les Médecins ſont regardez comme des Magiciens, & en quelques endroits de l'Europe ceux qui poſſédent la langue Hebraique ſont acuſez d'étre Juifs. Revenons aux Sorciers;
quelle

quelle apparence y a-t-il que ces gens-là vouluſſent donner leur ame au Diable, pour les plaiſirs imaginaires du ſabat, pour empoiſonner des Beſtiaux, pour faire tomber des orages de grêle ſur les bleds, pour élever des Vents furieux qui renverſent les arbres, & les fruits? Ne lui demanderoient ils pas plûtôt des richeſſes? Car enfin, ſi le Diable a le pouvoir de bouleverſer les Elemens, & d'interrompre le cours de la Nature, pourquoy n'auroit-il pas celui de tirer de l'or des Mines du Perou, ou des Tréſors de l'Europe, pour faire des penſions à tous ces Sorciers, qui ſont gueux comme des Rats d'Egliſe. Vous me répondrez que les piéces d'argent ſe convertiſſent dans les mains du diable en feüilles de Chêne; or cette raiſon détruit le pouvoir qu'il a de faire tant de merveilles, & même celuy qu'il communique aux Sorciers. Mais ſuppoſons qu'il ne luy ſoit pas permis de manier de l'argent, ne pourroit il pas, étant auſſi ſçavant qu'on le fait, leur enſeigner les moyens d'en aquérir dans le Commerce & dans les Jeux, leur indiquer les tréſors cachez ou perdus par le naufrage des Vaiſſeaux, ou du moins leur donner le même ſecret qu'au Magicien *Paſetes*, qui faiſoit revenir dans ſa bourſe l'argent qu'il avoit dépenſé? Vous trouverez des gens qui vous ſoûtiendront que le Diable s'eſt ſervi de la goetie trés-long temps avant le Déluge, pour précipiter les peuples dans une idolatrie magique; mais ſi vous menez ces Docteurs de conſéquence en conſéquence, il s'enſuivra que Dieu ſeroit d'une malice atroce; ce qui ne ſçauroit

roit eſtre. Ne vous étonnés pas, Monſieur, de ce que je nie à cette heure les Magiciens, auſſi bien que les Sorciers; je le fais parce que, à mon avis, ſi l'on convenoit des uns, il faudroit convenir des autres. Il n'y a point d'homme au monde qui ne prenne *Agrippa*, pour le Prince des Magiciens; cependant il ne l'eſtoit non plus que vous. Voici en quoy conſiſtoit ſa Magie. Ce Philoſophe des plus habiles de ſon ſiécle ayant donné des preuves de ſon ſçavoir, en préſence de la Canaille de Lion, les Femmes en furent ſi charmées, qu'elles ſe ſervirent preſque toutes de luy pour coëffer leurs Maris, il eut quelques Religieux Démonographes pour Rivaux, qui le mirent auſſitôt à la tête des cinq Papes que le Cardinal ſchiſmatique *Benno* a eu l'inſolence de traiter de *Magiciens*. Cependant, le Livre d'Agrippa fait autant d'impreſſion ſur l'eſprit des ſots, que le Grimoire, les clavicules, & que le Heptameron de Pierre *d'Apono*. Toutes ces chiméres viennent des impertinens Démonographes, qui ont rempli toute la terre d'illuſions, par malice, ou par ignorance. Je ne ſçaurois lire les Livres de Jean *Nider*, de *Uvier*, de *Niger*, de *Sprenger*, de *Platine*, de *Toſtat*, & des Jéſuites *del Rio*, & *Maldonat*, ſans les maudire éternellement, car ils ſoûtiennent des abſurditez ſi contraires à la Raiſon & à la ſageſſe de Dieu, que les Princes Chreſtiens devroient faire une recherche de tous ces Exemplaires, pour les faire brûler par la main du Bourreau, ſans épargner la Démonomanie de Jean *Bodin*, le Maillet

I   des

des Sorciers, & les sept Trompétes. Quelle apparence y a-t-il qu'*Eric* Roy des Gots fût surnommé *Chapeau venteur*, à cause qu'il appeloit tous les vens avec son chapeau, les faisant tourner vers la partie du Monde que bon luy sembloit? Que *Paracelse* eût une Armée de Diables sous son commandement; Que *Santabarenus* fit voir à l'Empéreur Basile son fils en vie, quoiqu'il fût mort; Que *Michel l'Ecossois* prédit à l'Empereur Fréderic II. le jour qu'il mourroit à *Fiorenzola* dans la Poüille, que *Pithagore* fit mourir un serpent en Italie, par la vertu de certaines paroles magiques? Cependant ces Auteurs soûtiennent cent mille fables de cette nature, comme des Véritez incontestables. Mais ce que ***Gervais*** soûtient de la mouche d'airain de Virgile, couronne l'œuvre. Je m'étone qu'un Chancelier de l'Empéreur Othon ait pû montrer son extravagance par cette fausseté, suivie de mille autres ; cela vous fait voir que la Dignité de Chancelier n'a pas toûjours la vertu de rendre sages tous ceux qui en sont revêtus. N'avons-nous pas oüy dire cent fois que le Diable avoit emporté le Président *Pichon*? Persone ignore-t il le pacte de Mr. le Maréchal de Luxembourg ; & ne croit on pas aveuglément que le pauvre * *Grandier* fit sortir cent diabletins de l'enfer, pour entrer dans le corps des Réligieuses de Loudun? Quelles impertinentes sotises allégue Jean *Schefer* dans son

* Curé de Loudun que la tiranie du Cardinal de Richelieu fit périr par le feu, sans avoir commis d'autre crime que celuy de luy avoir déplû.

son Histoire de la Laponie ? Cela n'est-il pas étonant qu'on permet la lecture de ces livres ? N'y a-t-il pas des gens assez fous pour croire ces Chiméres, comme des articles de Foy ? Les desabuserez-vous, & vous sera-t-il possible de les persuader qu'il n'y a point de Noüeurs d'éguillete, d'Empsalmistes qui guerissent les playes par des paroles, de Vendeurs de Caractéres, qui par la vertu de certaines fioles, jarretiéres, &c. font des miracles de toutes especes ? Non, Monsieur, vous n'en viendriez jamais à bout. On vous prendroit pour un Hérétique ; ou tout au moins pour un Magicien, qui butteroit par cette finesse à mettre à l'abri des poursuites de vôtre Parlement toute la Confrairie Magique. Croyez moy, Monsieur, tout ce que je vous écris est positif, le Diable n'a pas le pouvoir de se manifester à nos yeux ; par conséquent il ne sçauroit nous attirer dans son parti, par des conventions de Magie, ou de sortilege ; cela repugneroit trop à la bonté de Dieu, qui ne tend point de pieges aux hommes deja sujets à tant d'égaremens, par leur propre misere. Mon intention, comme vous voyés, n'est pas de nier le Diable, car je croy qu'il est aux Enfers ; mais je nie qu'il ait jamais sorti de ce païs-là, pour venir faire du ravage en celuy-ci. Vous aurez beau m'alleguer les passages de l'Ecriture ; je vous répondray que si vous les preniez tous à la lettre, vous doneriez des pieds & des mains à Dieu, & même il faudroit que vous fissiez parler le St. Esprit comme un Iroquois. Il faut que vous sçachiez qu'avant l'arrivée du Messie, les Demons étoient des Dieux bénins & Tutelaires, & ce mot de δαιμονία ne signifioit autre chose que les bons Genies. Mais les Evangelistes les ont rendus infernaux, en leur donnant l'épithete de κάκα, qui veut dire méchans. Ce qui fait que depuis ce temps-là les bons Diables sont devenus malins, selon le sens litteral. Vous voyez donc, Monsieur, que je ne m'obstine qu'à nier les Sorciers, les Magiciens, les Enchanteurs &c. Cela m'est d'autant plus facile que les Intreprétes de l'Ecriture sainte les appellent indiféremment Astronomes, Chiromanciens, & Astrologues. De sorte que par l'explication de ces mots sinonimes, ils n'ont jamais prétendu dire que ces gens-là fussent les Ecoliers du Diable; ceci meriteroit une Dissertation fort étendue. Car la matiére est un peu délicate. Je me contente de l'éfleurer en passant, sans m'arrêter plus long-temps à justifier des Criminels d'un Crime imaginaire, qu'il est impossible de commétre effectivement. Croyez moy, Monsieur, les Magiciens sont ces Filoux qui coupent adroitement la Bourse, & qui décrochétent les portes avec la même subtilité; les Spectres, les Fantômes, les Lutins, les Farfadets & les Esprits sont ces Marauts de valets qui volent de nuit les fruits du jardin, le bled du grenier, l'avoine de l'écurie, qui caressent les servantes, & peut-être, la femme de leur Maître. Les Enchanteurs sont ces Coureurs de Ruelles, ces Soupirans en titre d'office, qui sous promesse de mariage, atrapent les sottes filles, qui donnent

dans

dans le panceau de leurs Enchantemens. Les devins sont ces fins Eccléfiastiques qui connoissant la foiblesse d'esprit de certains Richards leur extorquent des legs pieux, avec leur dextérité ordinaire; & les Sorciers sont ces faux Monoyeurs dont nôtre Païs est assez fertile, aussi bien que de ces Rogneurs qui font la barbe si adroitement aux Piastres & aux Pistoles d'Espagne; car c'est justement durant la nuit, & dans les lieux les plus cachez qu'ils font ces operations sabathiques. Je vous dis tout ceci pour en être bien informé. Aprez cela vous en croirez tout ce qu'il vous plaira. Je sçay que les Bearnois ont un peu de penchant à la superstition; ils en sont redevables aux anciens Membres de leur * Parlement, qui poussez d'une cruauté pire que celle de Néron, ont fait brûler tant de pauvres malheureux Innocens. Si ces enragez Conseillers sont en Paradis, il est sûr que vous ni moy n'irons jamais en enfer. Croyez moy, tout homme qui sera capable de croire les chiméres dont il est question, ne hésitera pas à gober cent mille autres fables, dont les gens d'esprit se moquent fort sagement. Mon intention n'est pas de desabuser le Vulgaire ignorant, car ce seroit vouloir prendre la Lune avec les dents. Ce n'est qu'à vous à qui j'en veux; car vous jurez (à ce qu'on dit) que tous les Chats de la Province ont l'honeur d'être animez par les ames de ces anciens Sorciers, dont les cendres ont servi si long temps aux Blanchisseuses de *Pau* pour faire la lessive. Vôtre salut ne dépend pas de cette créance. Car ce n'est pas un Article

---

* *Pau* Capitale du Bearn Province de France.

cle de foi. On se fait grand tort à soy-même d'ajoûter foy à ces sornétes d'apparitions. C'est être ingénieux à se faire peur, en se mettant dans l'esprit qu'un Diable se transforme en Dogue, un Sorcier en Chat, un Magicien en Loup, & qu'une Ame du Purgatoire préne toutes sortes de figures pour mandier des priéres à des Vivans, qui sont assez embarrassez à prier Dieu qu'il les exauce eux-mêmes. Dez-qu'on croit ces visions, on ne sçauroit coucher seul dans une Maison, le bruit d'un Rat sufiroit pour faire glacer tout le sang dans les veines d'un homme comme vous. Car une imagination épouvantée tremble à la veue de ses propres chiméres. Outre le mal qu'on se fait à soy-même, on en cause beaucoup aux autres, par le récit qu'on fait de mille avantures impertinentes & ridicules. Les esprits foibles les avalent comme de l'ipocras, on intimide tellement les femmes qu'elles sont obligées de faire coucher avec elles, en l'absence de leurs Maris, des gens assez résolus pour faire tête aux Sorciers, aux Magiciens, aux Spectres &c. Les jeunes filles ne sçauroient aller verser de l'eau, si quelque Laquais bien armé ne les accompagne le flambeau à la main. Enfin, il arrive de ceci mille choses fâcheuses, dont les Voleurs, les Scelerats, & les Paillards profitent avantageusement. Pour moy je jureray de bonne foy que je n'ay jamais de ma vie rien vû, ni entendu de surnaturel, pendant la nuit, en quelque Païs que je me sois trouvé. J'ay fait tout ce que j'ay pû pour voir ou entendre quelque nouvelle de l'autre monde. J'ay traversé plus de cent
fois

fois à minuit le Cimetiére de Quebec, en me retirant seul à la basse Ville, & je n'ay jamais rien aperceu; mais supposons que j'eusse veu quelque fantôme, (excusés la supposition) sçavez vous ce que j'aurois fait? Le voicy. J'aurois passé mon chemin l'épée nue sous le bras, fort tranquillement. Si le Spectre eût esté à côté, & s'il se fût posté dans le milieu du chemin, je l'aurois prié fort honêtement de me laisser passer. Vous répondrez à cela, que les épées & les Pistolets sont fort inutiles en ce cas-là; je l'avoüe: mais il feroit arrivé de deux choses l'une, qui est que si c'eût été un Spectre (ma supposition continuant) j'aurois aussi peu blessé de mon épée une Ombre, une vapeur, que cette ombre & cette vapeur auroit pû me blesser; & si c'eust esté quelque Vivant sous une figure hideuse, mes armes auroient produit l'effet de châtier un insolent. Remarquez, s'il vous plait, que dans tous les contes d'apparitions d'Esprits, de Fantômes, de Lutins &c. Vous n'avez jamais esté tué ni blessé, (au moins n'en avons nous jamais veu) si donc ces prétendus Ambassadeurs d'enfer, ont les bras si mous, pourquoi les craindrons nous davantage que les éclairs afreux qui précedent les éclats du Tonerre? Car enfin, une homme sage ne doit naturellement craindre autre chose que ce qui peut lui nuire directement ou indirectement. Cependant (me direz vous) il faut qu'il y ait quelque chose à cela, que je ne conçoi pas, puisqu' un homme de guerre reconnu pour brave & pour intrépide en cent occasions, a

trem-

tremblé, pâli, & fué de frayeur, à la veüe & au bruit d'un jeu de Fantômes vivans, qui prétendoient se divertir à ses dépens. Je conviens que cela peut arriver, puisque cela est déja arrivé à des gens de courage. Mais cela provient de ce qu'ils ont donné dans les visions dez leurs plus tendres années, & qu'ils s'y sont toûjours entretenus, sans se donner la peine de bien examiner s'il pouvoit y avoir des Spectres, ou non. Ils ont crû ce que les autres gens bornez croyent de la puissance du Diable, en un mot, ces gens-là ne craignent uniquement que leur imagination. C'en est fait, je m'arrête là, car le temps presse. Je dois travailler sans cesse à mes affaires. Dieu veuille que je ne trouve point de Chicaneurs en mon chemin, car on ne se tire pas si bien d'affaire avec eux, qu'avec les Sorciers & les Fantômes. Je vous demande une entreveue à *Orthez.* Les papiers qui accompagnent cette lettre vous diront le fait dont il est question. Je voy que ce Païs est bon, mais, entre nous, la monoye ni galope guére, c'est ce qui ne m'accommode pas; car on ne vit pas sans argent parmi les Européans, comme on fait parmi les Hurons de Canada. Je regréte ce Païs-là toutes les fois que la marée décend de ma Bourse, pour faire Place aux inquiétudes & aux soucis que j'ay pour la remplir de ce précieux métal, qui donne de la joye & de l'esprit, & toutes sortes de beaux talens

lens aux hommes les moins hommes. Sur
cela je fuis ,

Monfieur ,

Vôtre &c. à Erleich.

Le 4 Juillet, 1695.

MONSIEUR,

POur le coup je fuis fauvé, aprez l'avoir échapé belle , comme vous l'aurés fans doute apris , lorsqu'on vous aura donné des nouvelles de ma fuite , dont voicy le détail, en fort peu de mots. J'étois prêt à me trouver au Rendez-vous que je vous avois donné à *Orthez* , & pour cet effet j'avois efté à *Dax* , où je devois recevoir des papiers, qui me paroiffoient fort utiles ; quand, pas un bonheur fans égal, une lettre d'une certaine perfonne de Verfailles me fut rendue. Je ne l'eus pas plûtôt leüe que je pris le chemin de mon Auberge , afin de méditer les moyens de fortir du Royaume , fans être pourfuivi. Vous pouvez croire que mon Confeil fut bien tôt affemblé, car une cervelle comme la mienne n'eft pas de nature à perdre le temps en délibérations. Sur ce pied, je me déterminai à donner le change à mon Hôte , luy demandant par écrit le chemin d'*Agen* , où je fupofay avoir quelque afaire. Le meilleur de l'affaire c'eft que j'avois déja tiré de mes Fermiers prés de deux cens Loüis , comme vous l'avez apris,

I 5 avec

avec un trés-beau cheval qui m'a si généreusement retiré du bourbier. Il fut question de me lever au point du jour, & de me faire conduire par une porte de la Ville, qui me menoit à toute autre route que celle dont je vous parleray. Car, dez-que je fus sorti, je pris le chemin *d'Orthez*, évitant toutes sortes de Bourgs & de Villages, passant par des Landes, dans des Champs, dans des Vignes, & dans des Bois, en suivant de petits sentiers, couchant en des maisons écartées. Je n'avois d'autre guide que le soleil, & la veüe des Pirénées. Je demandois aux gens que je rencontrois dans mon chemin, quel estoit celuy de *Pau*, enfin, pour couper court, sans m'arrêter au récit de quelques rencontres, je vous diray que j'arrivay à *Laruns* le dernier Village de Bearn, situé, comme vous sçavez, dans la Vallée *d'Ozao*. Je ne fus pas plûtôt entré dans cet impertinent Village, qu'un tas de Païsans m'investit de tous côtez. Jugez, s'il vous plaît, si je n'avois pas raison de croire que le grand Prevôt n'étoit pas loin. Cependant je me trompai, car ces Coquins ne m'arrêtérent que parce que ma mine leur parut Huguenote. Ils me laissérent pourtant métre pied à terre, dans un Cabaret, que vous auriez pris pour l'Antichambre de l'enfer, tant il estoit obscur & plein de fumée. Ce fut là que le Curé prit la peine d'acourir pour m'interroger sur des matiéres de Réligion. Ce fut aussi là où le connus que la plûpart des Curez de Viljage, sçavent aussi peu ce qu'ils croyent, que leurs Paroissiens; car aprés luy avoir répondu du fur tous les Points dont il m'avoit interrogé, il jura fur fon Dieu que j'étois Huguenot. C'eft icy, Monfieur, où la patience penfa m'échaper, mais à la fin confidérant que j'avois affaire à des Bêtes, je creus qu'il faloit auffi les traiter en Bêtes, il falut donc me réfoudre à leur réciter des Litanies & les Vêpres du Dimanche. Cependant cela ne produifit pas l'effet que j'en attendois; Car ils s'obftinoient toûjours à me vouloir conduire à Pau. Aprez cela jugez de l'embarras où je me trouvois. Car cette infame Canaille difoit que les Pfeaumes & les Litanies étoient les premières priéres que les Huguenots aprenoient pour fortir du Royaume. J'avois beau dire que j'étois Ecuyer de Mr. Sablé d'Etrées, & que j'allois joindre cet Ambaffadeur en Portugal. C'étoit *clamare in Deferto*. J'avois beau les menacer d'envoyer un Exprez à l'Intendant de *Pau*, pour demander juftice de l'affront qu'ils me faifoient, & de mon retardement. Tout cela ne les touchoit point. Enfin, aprez avoir bien réfléchi fur l'embarras où je me trouvois, je me réfolus d'effayer tous les moyens qui peuvent éblouïr les ignorans, quoique la chofe fût difficile, parce qu'ils fe donnoient tous des airs de Docteurs. C'eft icy où je dois prier Dieu qu'il béniffe l'Inventeur du Tabac en poudre, car pendant que j'agitois mon efprit trois ou quatre heures avec ces Marauts, je ne faifois qu'en prendre fans m'en apercevoir. Or comme j'ouvrois ma Tabatiére à tout moment, un des plus traitables Païfans de la Compagnie s'avisa de me demander à voir la peinture qui étoit dedans ; laquelle représentoit une Dame de la Cour étendue sur un lit de repos toute nue, les cheveux épars. Celuy-ci ne l'eut pas plûtôt veue, que l'aïant fait voir aux autres, ils se dirent entr'eux en *Bearnois*, que c'étoit une Madelaine. A ce beau mot je pris courage, ne faisant pas semblant de l'entendre ; quand tout à coup le Curé me demanda ce que ce portrait-là signifioit. Je luy répondis que c'étoit une Sainte qui vengeroit l'insulte qu'on faisoit au meilleur de tous ses Devots, & prenant la bale au bond, je regardai fixement cette nudité, & je forgeai sur le champ une priére à cette Sainte, suivi d'un éloge, où je luy atribuois plus de miracles qu'à tous les autres Saints de Paradis. Cette oraison jointe aux exclamations que je faisois aveugla tellement la Troupe, que chacun baisa, tête nue, la Dame dont il est question, avec un zéle merveilleux. Alors je cessai d'être Huguenot, d'autant plus que je continuai à invoquer cette Sainte qu'on connoît en Bearn avec la même ferveur & la même disposition à faire des miracles. Ce fût à qui pourroit obtenir ces priéres par écrit, pendant que chacun s'empressoit à l'envi de me guider dans les Montagnes, & de me fournir des Mules. Voilà, Monsieur, un détail assez plaisant des effets du Tabac en poudre. S'il sert à bien des gens pour trouver une réponse, pendant cet espace de temps qu'il luy faut pour aller depuis les doigts jusqu'au fond du nez ; il m'a servi d'une autre maniére à me tirer d'afaires,

res, sans y penser. Quel malheur pour un honête homme d'estre obligé de profaner les Saints pour sauver sa vie? Il est vray que j'ay dirigé mon intention en cela. Néanmoins, j'en ay demandé pardon à Dieu. Or ceci vous fait voir qu'un mensonge bien habile fait dans l'esprit du Vulgaire ignorant, des impressions que la vérité toute nue ne scauroit faire. Quelle pitié qu'un Curé ne sçache pas son Cathéchisme! pendant qu'il avale des fables pour des miracles. C'est l'affaire des Evêques, & non pas la mienne : il en est de ces Prélats comme des Officiers de guerre, plusieurs le sont par faveur, plûtôt que par mérite. La plûpart s'attachent à la science de plaire à leurs Souverains, au lieu de plaire à Dieu. Vouloir réformer ces abus, c'est prétendre avaler toute l'eau de la Mer. Je n'en dis pas d'avantage; car ceci ne me touche pas. Ainsi, je reprens le fil de mon Avanture, en vous disant que je louay deux Mules, l'une pour mon Guide, & l'autre pour moy. Mon cheval étoit si fatigué des éforts qu'il avoit été obligé de faire pour me sauver, que la reconoissance vouloit que je le traitasse, avec toute sorte de douceur & d'humanité, puisqu'il l'avoit si bien mérité par ses bons services. Cependant, la nuit, qui me paroissoit un siécle, tant je craignois l'aproche de l'Engeance Prevôtale, me donna plus de temps qu'il n'en faloit pour demander pardon à Dieu de l'invention dont je m'estois servi, sous les auspices de ses Saints, pour me tirer d'affaire. Dans cette situation je mettois incessamment la teste à la fenestre, pour appeller l'aube de jour ; mais ce Village eſt ſi fort enclavé dans les Pirénées, qu'à peine y voit on le ſoleil au plus haut degré de ſon aſcenſion, & la dixieme partie de la voute des Cieux. Enfin, las de cette manœure & fatigué des travaux du corps & de l'eſprit, j'allois donner à la nature une heure de ſommeil, pour trois jours de veille, quand j'entendis un grand bruit d'hommes & de chevaux à la porte du Cabaret. Les coups qu'ils y donnoient, & les cris qu'ils jettoient, firent glacer tout mon ſang dans les veines. Car je crus que tous les Archers du Royaume étoient à mes trouſſes. Cependant, j'en fus quitte pour la peur ; car c'étoit des Muletiers qui alloient trafiquer en Eſpagne, Pendant ce temps là mon Guide & le jour étant arrivez enſemble, nous profitâmes de la compagnie de ces Voituriers. Ce jour-là nous paſſâmes juſqu'à *Sallent* premier Village d'Eſpagne, éloigné de ſept lieues de *Sarans*, aprez avoir paſſé devant une maiſon qu'on apelle * *Aigues-Caudes*, où l'on prend les bains qui gueriſſent une infinité de maladies. Dez-que j'arrivay à *Sallent*, on me conduiſit dans un Cabaret ſombre & ténébreux, plus propre à loger des Morts que des Vivans. J'étois ſi fort accablé de ſommeil que je dormois debout. Mais comme les Lits me parurent des greniers à poux, je fis étendre de la paille ſur le planché, où je me jettai, aprez avoir permis à mon Guide de faire auſſi bonne cherc qu'il voudroit, pourveu qu'il ne m'éveillât pas. En cet état je dormis depuis

* C'eſt à dire eaux claudes.

puis nœuf heures du foir jufqu'au lendemain à midi, fans m'éveiller, enfuite nous employames le refte du jour à chercher dequoy faire un trés-mauvais repas. Le jour fuivant nous piquâmes de fort bonne grace pour gagner un cabaret, où nous trouvâmes quantité de Poulets & de Pigeons, fur lesquels nous-nous dédomageâmes du précedent gîte. Enfin, nous arrivâmes hier en cette Ville, qui eft fituée dans le plat Païs, à deux lieües des Montagnes. Tout ce que je puis vous dire, c'eft que depuis *Sarans* jufqu'icy, la traverfe eft de 22. Lieües; & l'on ne fait que monter & décendre par des chemins fi étroits, que pour peu qu'une Mule bronchât, on tomberoit avec elle dans des précipices affreux. Mon Guide m'a dit que la route de la Valée *d'Afpe* eft plus belle, plus courte, & plus commode. Mais que celle de St *Jean de pied de port* furpaffe les autres, puifqu'il n'y a que huit lieües de montagnes entre *Roncevaux* & le plat Païs de la *Navarre*. Quoiqu'il en foit, je fuis furpris que Hercule n'ait pas féparé ces Montagnes, pour la commodité des Voyageurs; comme il a fait celles de *Calpé* & *Abila* pour l'avantage des Navigateurs. Je pars demain à la pointe du jour, pour *Saragoça*, afin d'y arriver le même jour.

Je fuis, *Monfieur*,

A HUESCA, le 11 Juillet 1695.

MONSIEUR,

DEpuis trois mois que je suis dans cette bonne ville de *Saragoça*, vous m'avez écrit sept ou huit fois, en vous plaignant incessamment du peu de soin que j'ay eu de satisfaire vôtre curiosité, mais il faut vous en prendre à vous-même, & non pas à moy. Car, si vous n'aviez pas été si négligent à m'envoyer ce que je reçois aujourdhuy, ma plume n'auroit pas tracé dans mes Lettres l'inquiétude de mon esprit, au lieu de vous raconter ce qui suit.

Je ne sçay si je dois appeller cette Capitale du Royaume d'Arragon simplement belle, où si je dois y ajoûter le mot de *trés*; quoiqu'il en soit, elle est fort grande. Les Rues sont larges, & bien pavées, les Maisons ordinaires ont trois étages, les autres en ont cinq ou six, mais elles sont toutes bâties à l'antique. Les Places ne méritent pas qu'on en parle. Les Couvens, qui sont icy en quantité, sont généralement beaux, & leurs jardins, & leurs Eglises ne le sont pas moins. L'Eglise Cathédrale, qui s'appelle *la Ceu*, est un trés-beau & trés-vaste Edifice. L'Eglise de * *Nuestra Senora del Pilar* n'a rien que de fort ordinaire en ce qui régarde l'Architecture. Il est vray, que la Chapelle où est cette *Senora*, semble tant soit peu curieuse, parce qu'elle est soûterraine. Les Espagnols prétendent qu'elle est d'une matiére inconnue à tous les hommes. Sans

cela,

---

* Nôtre Dame du Pilier.

cela, je la croirois de bois de noyer. Cette Chappelle a trente six pieds de longueur & vint & six de largeur; elle est remplie de Lampes, de balustres, & de Chandeliers d'argent, aussi bien que le grand Autel, & de quantité de pieds, de mains, de cœurs, & de testes, que les miracles de cette Vierge ont attiré dans ce lieu-là. Car vous sçavez qu'elle en fait tous les jours qui surpassent l'imagination ; mais ce qu'il y a de plus solide, c'est une infinité de Pierres précieuses, d'un prix inestimable, dont sa Robe, sa Couronne & sa Niche sont remplies. Cette Ville est située sur les bords de la Riviére de *l'Ebre*, qui est large comme la Seine à Paris, & bâtie sur un terrain égal & uni, étant revêtue d'une simple muraille, dégradée & déchaussée en quelques endroits. Les Arragonois estiment infiniment le Pont de Pierre qui traverse la Riviére, parcequ'ils n'en ont pas veu cent autres qui sont plus beaux. Ils auroient plus de raison de regarder le Pont de bois situé un peu au dessous, comme le plus beau qui soit en Europe. On trouve dans cette Ville des Académies pour les exercices du Corps & de l'esprit; sur tout une belle Université qui ne céde qu'à celles de *Salamanca*, & de *Alcala de Henares*. Les Ecoliers sont généralement tous habillez comme les Prêtres, c'est à dire en manteau

* On voit encore deux Eglises construites par les *Gots*, où il ne manque ni beauté ni solidité. On y remarque de très belles voûtes d'ogive, qui font voir que ces Peuples entendoient parfaitement bien la Stéréotomie.

teau long. Mr. le Duc de *Jouvenazo* est Viceroy de ce Royaume; cette Dignité Triennalle me paroît plus honorable que lucrative; car elle ne rend que six mille Écus par an. L'Archevêque, en tire vingt mille de son Archevêché, mais comme il est véritablement homme de bien, il distribue le tiers de ce revenu aux pauvres. Sa naissance est des plus obscures, cependant il a été Président d'un des Conseils de la Cour d'Espagne, peutêtre est-ce à cause de l'antipatie naturelle qu'il a toûjours eue pour les François. Les Chanoines de sa Cathédrale, & ceux de nôtre Dame du Pilier retirent cent écus par mois de leurs Canonicats. *El justitia* est le Chef de tous les Tribunaux de l'Arragon. C'est entre ses mains que les Rois d'Espagne trouvent une Épée nue, quand ils prêtent le serment de conserver les Priviléges de ce Royaume, à leur avénement à la Couronne. Cette Cérémonie se fait à la Maison de la Députation, qui est un Edifice merveilleux. Le *Salmedina* est une espece de Lieutenant Général Civil & Criminel. Cette Charge de Robe & d'épée est triénalle, aussi bien que celle de son Lieutenant. † *L'Audiencia Real* est composée de plusieurs Conseillers qui sont aussi friands d'épices que les nôtres; Outre cela il y a cinq Jurats, qui ne conservent leur pénible Emploi que deux ans. Ce sont des Juges de Police, qui se chargent du soin de la Ville. Enfin, je n'aurois jamais fait, si j'entreprenois de vous faire un détail

* Cette Charge est à peu prés celle de Chancelier.

† Parlement.

détail des autres Charges de ce Royaume. Le pain, le vin, la Volaille, les Perdrix, & les Liévres y sont à trés bon marché. Mais la Viande de boucherie est extrémement chére, & le bon poisson tout à fait rare. Les Etrangers, qui passent dans cette Ville, sont réduits à se loger en certaines Hôteleries que les Espagnols appellent *Meson*, où les Hôtes ne fournissent aux Passans que la Chambre & le lit, l'Ecurie, la * paille, & l'orge. Il est vray que les Valets ont soin d'acheter ce qu'on veut manger, & d'accommoder les Viandes de la maniére qu'on leur ordonne, pourvû que ce soit simplement à boüillir ou à rôtir. Les vins d'Arragon sont doux & forts, sur tout le vin rouge; car le blanc a moins de force & de douçeur. Il n'y a d'autre Divertissement icy pendant l'Eté que la promenade. Les Cavaliers & les Dames sortent séparément de la Ville, vers le soir. Mais c'est moins pour prendre le frais que pour prendre le chaud. L'Hiver on a le plaisir de la Comédie, où l'on dit que les Prêtres & les Moines vont sans scrupule. Mr. le Duc de Jouvenazo tient tous les soirs assemblée chez luy; on y raisonne, & on y boit des liqueurs ou du Chocolat. Les gens de la premiére qualité s'y trouvent presque toûjours. Ils sont honestes & affables au dernier point. Ils m'ont donné des marques sensibles d'amitié, & la plus grande est de m'avoir régalé dans leur Maison; c'est ce qui me fait voir qu'ils ne sont pas si farouches qu'on me les avoit dépeints. J'avoüe qu'en public les soûris

ne

* Il n'y ni foin, ni avoine en Espagne.

ne dérident jamais leur front, & que la familiarité de la joye ne leur fait rien rabatre de leur gravité afectée : Mais dans le particulier ce font les plus jolies gens du monde ; c'eſt à dire les plus enjoués & les plus vifs. Les Arragonois font preſque tous auſſi maigres que moy. De là, Monſieur, vous pouvez juger de leur bonne mine. Ils diſent que cela provient de ce qu'ils tranſpirent beaucoup, qu'ils mangent & dorment peu ; qu'ils ont les paſſions de l'ame vives & fortes;&qu'enfin ils diſſipent les eſprits influens pas des exercices que les François ne font pas ſi ſouvent qu'eux. Leurs viſages font auſſi pâles que le mien. Peut-être ces mêmes exercices en font ils la cauſe, au moins Ovide le croit ainſi, *palleat omnis amor,color eſt hic aptus amandi.* Leur taille paſſe la médiocre. Leurs Cheveux font châtein obſcur,&leur tein eſt auſſi clair que celui desBearnois.Tout ce que je viens de vous dire à leur égard, ſe peut entendre auſſi de leurs Femmes, dont la maigreur ne va pourtant pas ſi loin. On ne peut pas convenir qu'elles ſoient belles,mais on ne ſçauroit s'empêcher d'avoüer qu'elles ſont aimables, ſi la nature leur a été chiche en gorge & en front,elle leur a prodigué des gros yeux étincelans, ſi pleins de feu qu'ils brûlent ſans quartier,depuis les pieds juſqu'à la teſte,les gens qui s'en s'aprochent.Elles font trés-obligées à *Theuno* femme de *Pithagore*,de leur avoir apris que les Perſonnes de leur Séxe ne font nées que pour l'agréable métier d'aimer, & d'être aimées. Cette douce Morale s'accorde parfaitement bien avec leur Compléxion. Auſſi la pratiquentquent-elles à merveilles. Car dez le matin elles courent aux Eglises, plûtôt pour conquérir des cœurs, que le Paradis; elle n'ont pas plûtôt dîné qu'elles vont chez leurs Amies, qui se rendent service reciproquement dans leurs Galanteries, en favorisant l'éntrée de leurs Amans chez les unes & chez les autres, avec bien de la ruse & de l'artifice. Il s'agit icy de finesse, car la vertu des Femmes consiste icy plus qu'ailleurs à bien cacher son jeu. Leurs Maris sont clairvoyans, & pour peu que l'intrigue soit découverte, elles courent grand risque de faire le voyage de l'autre monde, à moins qu'elles ne se sauvent dans un Couvent. Il n'y a qu'un mois & demi que je vis poignarder une Fille par son propre Frére, dans une Eglise, au pied de l'Autel, pour avoir entretenu quelque temps un commerce amoureux. Il partit exprez de Madrid pour faire ce bel exploit, dont il fut châtié par deux mois de prison. On n'a fait icy que dix-huit ou vint assassinats de guet à pend depuis que j'y suis; parce que les nuits sont un peu trop courtes. Mais on m'a dit qu'il ne se passe guére de nuit en hiver, qu'il ne s'en fasse deux ou trois. Il est vray que ce sont des gueux & des miserables de deux Paroisses de la Ville, qui s'insultent de cette maniére-là. Ce sont de vieilles inimitiez qui les portent à cette extrémité. Ce désordre provient de ce qu'il faut de grandes preuves pour condamner un homme à mort. Et de ce que les Criminels condamnez se prévalent des priviléges du Royaume pour prolonger l'exécution d'un ter-

me

me à l'autre. Ce qui fait qu'à la fin ils en font quittes pour les Galéres, d'où ils sortent ensuite par mille sortes de voyes. De sorte que si quelque forte Partie ne presse les Juges, ils se sauvent toûjours de la corde. On ne sçait ce que c'est que de voler dans les rues, & ces meurtres ne se font jamais dans cette veüe-là. Je me suis souvent retiré seul de chez le Viceroy à onze heures, ou à minuit, sans qu'on m'ait insulté ; il est vray que j'ai cessé de m'y exposer, sur le conseil que les gens de qualité me donnérent, de marcher toûjours accompagné, de peur que ces Assassins ne me prissent pour un autre. Quoiqu'il en soit, il n'y a rien à craindre pour les gens de quelque distinction, à moins qu'ils ne se trouvent envelopez dans quelque intrigue amoureuse ; Car alors on court risque d'estre poignardé dans les rues en plein midi. Il faut donc estre sage ou s'abandonner aux Courtisanes, pour éviter ce malheur. Or de ces deux moyens le premier est le meilleur, puisqu'il conserve également la Bourse & la santé. La Noblesse d'Arragon est assez riche ; mais elle le seroit davantage si les Païsans de ce Royaume, étoient aussi laborieux que les nôtres. Ces paresseux se contentent de faire labourer leurs Terres, semer, & receuillir leurs grains, par des * *Gavachos* dont l'Espagne est infectée. La populace conjecture que la France est le plus mauvais Païs du monde, puisque les François le quittent pour venir dans le leur. Il est

vray

* Epitéte qu'ils donnent aux François, & qui dans le fond ne signifie rien du tout.

vray que les Laboureurs, les Coupeurs de bled, les Bucherons, & les gens de tous Métiers, sans compter les Cochers, les Laquais & les Porteurs d'eau sont presque tous Bearnois, ou Languedochiens, ou Auvergnats. On trouve icy quelques Marchands Bearnois, qui se sont enrichis par le commerce de France, qui, malgré la guerre, se fait encore assez ouvertement. Si les Arragonois avoient du sang aux ongles, & qu'ils voulussent enrichir leur païs, il leur seroit facile d'en venir à bout. La Riviére d'Ebre est navigable pour des Grands bateaux plats comme ceux de la Seine, depuis *Tortaza* jusqu'à prez de *Mirandébro*. Cinquante personnes qui sont décendues m'ont assûré qu'il y restoit en été trois pieds d'eau dans les endroits les moins profonds, & que d'ailleurs son courant est trés-paisible; tellement que la seule dificulté ne consiste qu'à faire des chemins le long du rivage, pour hâler ces bateaux en la remontant. Les François emmenent icy quantité de Mules & de Bidets, sur quoi ils gagnent cent pour cent, tous frais faits. Ces Mules servent pour tirer les Carrosses & les * *Galeras*, car celles d'Estramadure sont chéres, & ne reussissent pas icy, comme dans les Païs Méridionaux de l'Espagne. A l'égard des Bidets, on les débite ordinairement mieux dans le Royaume de Valence, où les Païsans s'en servent à des usages diferens, Les Carrosses de ce païs ont, à peu prez, la figure des Coches de France, & ils vont

d'une

* Grandes Charretes, qui portent 80. quintaux & qui sont tirées par huit Mules.

d'une si grande lenteur, qu'ils ne feroient pas le tour de la Ville dans le plus grand jour de l'Eté. La Mode d'aller en visite à Cheval est icy comme en Portugal, & les Gentishommes & les Officiers de guerre sont habillez à la Françoise; ils trouvent que l'habit à l'Espagnole est insuportable, à cause de la *Golilla*, qui est une espece de Carcan, où le cou se trouve tellement enchassé, qu'il est impossible de baisser ou de tourner la teste. L'habit des Femmes paroît un peu ridicule aux Etrangers, quoiqu'ils ne le sont pas dans le fond. Je trouve à l'heure qu'il est, celuy des nôtres cent fois au dessous; les Espagnoles ne sçauroient cacher aucun défaut de nature. Leur taille, leur grandeur, & leurs cheveux paroissent tels qu'ils sont; car elles ne portent ni coeffes, ni talons, ni corsets de baleine. Si les Françoises étoient obligées de prendre cette mode-là, elles ne tromperoient pas tant de gens, par leurs tours de cheveux, leurs talons, & leurs fausses hanches. Il est vray qu'on pourroit un peu reprocher aux Espagnoles de montrer à découvert la moitié de leurs bras, & de leurs épaules; mais en même temps il ne faudroit pas épargner les Françoises, qui afectent d'étaler deux piéces plus tentatives & plus animées. Car dés qu'on alléguera que les unes sçandalizent par derriére, on aura le même droit de répondre que les autres scandalizent par devant. Au reste, si les Femmes sont gênées, elles ont l'agrément d'estre fort considérées. Car dés qu'elles passent dans les rues,

rues, à visage découvert, en Carrosse, ou à pied, on s'arrête pour leur faire une révérence ; à quoy elles répondent par une inclination de teste, sans plier le genou. Leurs Ecuyers, qui sont des Vieillards hors de soupçon, leur donnent la main nue; car c'est la mode Espagnole. Ce sont les seuls qui aïent l'avantage de toucher leurs mains, car quand un Cavalier se trouve par hazard dans une Eglise auprés du Benitier, & qu'une s'y présente, il trempe son Chapelet dans l'eau benite, pour luy en offrir. Il en est de même à la dance, ce qui n'arrive guére souvent. Car le Cavalier & la Dame ne se tiennent que par les deux bouts d'un mouchoir. Vous pouvez juger de là combien le salut du baiser y paroît choquant. Il faut que je vous fasse conoître que les Espagnols ne sont pas si farouches qu'on le publie, en vous donnant en même temps un petit détail de leurs repas. Un Gentilhomme que je voïois très-souvent chez le Viceroy, & dans les Académies, m'ayant honoré d'une visite, je répondis à son honnêteté de la même maniére. Il me reçut au haut de l'escalier, & m'ayant conduit dans une Salle où nous-nous entretînmes une demi-heure, je luy demandai comment se portoit son Épouse, mais il me répondit qu'il la croyoit en assez bonne santé pour nous recevoir dans sa Chambre. Aprez cela voyant paroistre le Chocolat & les biscuits, ce Gentilhomme se leva pour m'introduire dans

K la

la Chambre de sa Femme, qui s'étant tenue debout pour recevoir nos revérences, s'assit sur son *Sofa*, pendant qu'on nous donnoit des chaises. Je luy dis que j'étois fort obligé à son Mari de m'avoir procuré l'honeur de la saluer ; elle me répondit qu'il m. regardoit comme Espagnol, & comme Ami ; ensuite ayant pris le Chocolat, elle me demanda si je le trouvois bon, & si les Dames de France n'en prenoient pas. La conversation ne dura qu'un demi quart d'heure, car comme je craignois de pécher contre les formalitez Espagnoles, je me levai, je la saluai, & je sortis de la Chambre avec son Mari, qui me pria de dîner avec luy. Nous nous promenâmes pendant ce temps-là dans son Jardin, & aprez avoir fait mener ses chevaux devant moi, nous remontâmes dans une Sale où le couvert étoit mis. Un moment aprez la Dame parut, entra, & aprez avoir salué à sa maniére, elle prit sa place d'un côté de la * Table, & nous de l'autre. On servit d'abord des Melons, des Raisins, des Pavies, & des Figues ; ensuite on nous donna chacun nos *pitames* à la maniére des Moines, consistant en ce qui suit ; des cotelétes rôties dans le premier plat ; une perdrix & un pigeon aussi rôtis dans le second ; un lapreau en pâte dans le troisiéme, une fricassée de poulets

---

* Table séparée par dessous avec des planches, afin que les pieds des Conviez ne se touchent pas.

lets dans le quatriéme, des † Oronges environées de petites Truites longues comme le doigt, dans le cinquiéme ; & une Tourte d'abricots dans le sixiéme. Aprez quoy l'on porta des boüillons jaunes comme le safran, dont ils estoient remplis. Voilà, Monsieur, en quoy consistoit la portion de chacun de nous. Cependant nôtre conversation ne roula que sur les Françoises. La Dame prétendoit que la grande liberté que les hommes ont en France, d'entrer chez les Femmes, de joüer, & de se promener avec elles, exposoit les plus sages & vertueuses à être deshonorées par des Indiscrets, & des Médisans ; qui pour se faire valoir gens à bonne fortune, diffament celles qui leur resistent. Enfin, aprez avoir bien déclamé contre les Maris, qui digérent paisiblement ces affronts, au lieu de se vanger, nous sortîmes de Table. Elle fit son salut ordinaire, en se retirant dans sa Chambre. Cependant je fis aussi ma retraite. Le Gentilhomme marcha toûjours devant moy, jusqu'à l'escalier, où il s'arrêta du côté gauche, afin de me laisser la main, en luy disant adieu. Il attendit que je fusse au pied de l'escalier pour recevoir un coup de chapeau ; ensuite nous nous perdîmes de veüe l'un & l'autre. Je vous raconte cette avanture

pour

---

† l'Espece de champignons rouges dessus & jaunes dessous.

pour vous faire connoître la manière dont les Espagnols en usent envers leurs Amis. Si cent Gentishommes m'avoient régalé, il n'y auroit aucune diférence de ce que je vous ay dit, si ce n'est, peut-estre, en la bonne chére. Car pour la Cérémonie, c'est toûjours la même chose chez les uns, comme chez les autres. Ainsi, par cette Description vous sçavez tout ce qui se pratique en Espagne, en pareille occasion. Je croy vous avoir dit que les Espagnoles nous traitent d'indiscrets; elles n'ont, peut-être, pas tout le tort. Car toutes les Femmes de l'Europe tiennent le même langage. Voici quelques vers Espagnols qu'un fou de Poëte a faits sur cette matiére, il y a cinquante ans.

Los discretos Espagnoles.
Los maridos Zelozos,
Hazen en Callados Gozos
Orejas de Caracoles.
No son tales los Francezes,
Tanto no pueden cubrir,
Antes mas quieren mil vezes,
No hazer, que no dezir.

Cela veut dire en bonne prose; que *les discrets Espagnols aident aux Femmes à coëfer leurs Maris, par des embrassemens secrets. Que les François au contraire ne peuvent rien cacher, car ils aiment mille fois mieux ne pas faire le coup, que de ne pas le dire.* Voila, Monsieur, à peu prez, le le raisonnement de ce Huron, qui prétend que nous faisons gloire de payer les faveurs des Dames, avec une ingratitude qui ternit leur reputation, de fond en comble. Cet avis peut leur aprendre à ne se pas fier à des Evaporez. Une Femme d'esprit ne sera jamais embarrassée à connoître le Caractére d'un homme, lors qu'elle voudra s'en donner la peine. Les jeunes gens sont foux. Cependant les Dames les préférent aux gens sages, parceque la Sagesse ne leur vient qu'à l'âge où la nature commence à filer doux. La Langue indiscréte des jeunes Cavaliers fait un tort considérable à leurs Maitresses, mais les Femmes de chambre & les Confidentes n'en font pas moins. Les Femmes se perdent souvent elles-mêmes pour ne pas prendre assez de précaution envers leurs Domestiques. J'appelle une femme sage celle qui sçait bien cacher ses folies. C'est un des premiers talens des Espagnoles. Lesquelles font en cela beaucoup de grace à leurs Maris, car enfin le coup ne fait que le cocu, au lieu que le bruit fait les Cornes. Sur ce beau mot, je finis ma lettre, en vous priant de m'écrire à *Bilbao*, où je dois aller au premier jour. Delà je côtoyerai par terre ou par mer, les côtes maritimes jusqu'en Portugal, afin de connoître les Ports & les Havres dont on ma parlé tant de fois. Cette découverte me fera plus de plaisir que si je voyois les plus belles Villes du monde.

Cela vous fait voir qu'il ne faut pas disputer des goûts.

Je suis,

Monsieur,

Vôtre, &c.

A SARAGOZA, le 8. Octobre 1695.

www.ingramcontent.com/pod-product-compliance
Lightning Source LLC
Chambersburg PA
CBHW070655170426
43200CB00010B/2253